最後的紳士
鄭清文紀念會
暨文學展特刊

THE LAST OF THE GENTLEMAN

Cheng Ching-wen 1932-2017

鄭清文
1932～2017

　　筆名谷巴、谷嵐、莊園，籍貫台灣桃園，1932年9月16日生，2017年11月4日過世。

　　台灣大學商學系畢業。任職於華南商業銀行四十餘年，1998年退休。曾任台灣筆會會長。曾獲《文星》雜誌創刊五週年徵文特選、台灣文學獎、吳三連文藝獎、時報文學獎短篇小說推薦獎、行政院新聞局金鼎獎、美國桐山環太平洋書卷獎小說獎、行政院新聞局小太陽獎、鹽分地帶台灣文學貢獻獎、世界華文文學終身成就獎、國家文藝獎等。

　　鄭清文創作文類以小說及兒童文學為主，兼有論述。1958年於《聯合報》副刊發表第一篇小說〈寂寞的心〉。其小說以短篇成就最高，數量達兩百餘篇，文字平淡樸實，風格內斂含蓄，以冷靜旁觀的角度觀看人間的無奈。他引用海明威的冰山理論，解釋自己創作小說的原則──「浮在水面上的只有十分之一，十分之九在水面下給讀者思考。」看似簡單實則富有深意的寫作手法，成為鄭清文獨特的文體。小說家李喬歸納鄭清文的小說特色為「著重悲劇過程的探討」、「『解脫與救贖』是核心」、「觀念性和現實性結合」、「『深潭漩渦型』的語言」等。鄭清文的短篇小說可分為兩條書寫路線：一為「現代英雄」系列，寫變動時代下的小人物；一為「舊鎮」系列，寫童年時期的故鄉，兩條路線展現台灣社會的各種形貌，交織台灣人民的悲歡。評論家葉石濤認為：「他的小說向來亦步亦趨地跟隨著台灣社會的發展，反映了在這社會的每一個階段生存的各種人物的內心裡正在醞釀的或已爆發開來的悲劇。」

　　1977年開始，鄭清文投入兒童文學創作，其童話描寫台灣的城鄉風土，題材多樣化，以現代眼光改造傳統社會不合理的思想文化。鄭清文重視培養兒童的想像力，認為不應忽視兒童的潛力，應給兒童更寬大、自由的空間，為台灣的兒童文學開啟新頁。日本評論家岡崎郁子認為：「鄭清文的童話故事，在每天重複不斷的日子裡，人物、動植物、自然的生態經營，於此開展，推演著喜悅與哀傷的物語。他以淡淡且富深思的文筆，時而交雜著幽默語調，平易近人。」

鄭清文攝於心愛的咖啡店La Belle。（鄭谷苑提供）

　　2000年以後，鄭清文發表了許多篇以「石世文」為主角的短篇小說，作品內容主要反映台灣百年來的歷史，包括日本殖民時期的記憶，戰後國民政府主政下發生的二二八事件，以及戰後社會的變遷與歷史的真實。作家不相信官方的歷史與說法，他有心書寫一部台灣庶民的歷史。他希望以自身的經驗，通過文學的重構，保留時代真實的聲音，為台灣的民族與歷史留下見證。

　　鄭清文創作近六十年，始終保持其一貫的樸素風格及對人性的關注。國家文藝獎的獎辭寫道：「他的作品常鼓勵人在困境中的奮鬥，高揚生命的普世價值；剖析人性，細膩幽微、蘊藉深刻，深合清淡悠遠的藝術理想。」

（李進益審訂）

目次
CONTENTS

THE
LAST
OF
THE
GENTLEMAN

鄭清文文輯

尋找自己
尋找人生

◆ 鄭清文

創作的奧祕在不斷的尋索和不斷的製作。

我常常這樣想，創作就是無中生有，正如母雞生蛋，或草木開花。

但母雞生蛋和草木開花，並不完全是無中生有。母雞和草木都需要養料。不知多少人說過了，讀書、觀察和思考，就是寫作的養料。

我一向讀書不求甚解，有時信手拿起一本書，隨便翻一頁就讀了起來。我已痛下決心，要改變這種壞習慣，要找一本大書，從頭一頁一頁的讀，讀到最後一個字，而且要查參考書，要做筆記。說起來慚愧，決心已下了一兩年，到現在還沒有實現。

觀察和讀書不同。觀察往往是外表的。但真正具有眼光的人，卻可以從一根菸斗看到一段歷史，從一株不開花的水仙，推想到一個不幸的女人。

也許會有人說，寫小說要的是感覺，而不是思考。不錯，許多藝術是訴諸直覺的，但真正的藝術作品，都散發著思想的光輝。我們只要讀羅丹或托爾斯泰的書，就知道一件作品如何醞釀，如何形成的了。我是一個懶惰的人，不管讀到什麼好書，看到什麼驚人的事故，或想到什麼新穎的道理，都把它

堆放在心裡，正如小時候，在學校做堆肥那樣，把土、灰、草一層一層堆上去，讓它腐化，變成肥料。

現在，方法雖然差不多，比較重要的資料，我會把它記下來。因為十年前，我有一個長篇的材料，居然從記憶裡消失了，現在還一直追悔著。

有人把寫作比喻成採礦。對我而言，礦脈實在太大了，我只能擁有一堆小小的堆肥。寫作和堆肥一樣，必須不斷地補充，把新的土、灰和草堆上去。我讀過不少書，也受過不少的影響。我讀過契訶夫、海明威、托爾斯泰等人的作品，但他們的作品都已變成我的養料，變成我的血肉，已變成我這一個人成長過來，在我的作品中，再也看不到他們的影子。我認為這和母雞生蛋一樣，生出來的不是飼料，而是蛋。這才是創作，也是創作的奧祕。

創作如果還有奧祕，那就是作家對創作的信念。

不管寫作是喜悅，還是痛苦，一個作家在從事寫作，就必須要有信念。我在一個偶然的機會得到一個題材，我想把它寫成喜劇。我很少寫喜劇，但當時我抱定一種信心，莎士比亞能寫喜劇，我也可以寫。所以我寫了〈黃金屋〉。我並沒有意思拿自己的作品和莎士比亞的比，但面臨著寫作的心情，應該是一樣莊重，一樣嚴肅的吧。一個作家，就必須要有這種信念，他才能敬重自己的作品，他人才能對他的作品感到興趣。

我對寫作並不迷信，我不相信一枝筆有多

大的力量。我寫作，是在尋找自己，並希望能在尋找自己的過程中，逐漸純化自己。如果有幾個知己，或者更幸運的話，如果能有幾個陌生的人，說我說出了他們的想法，我就很可安慰的了。

我不是一個悲觀的人，但我始終認為人生是一種痛苦。現實的社會充滿著不和諧，而人生的終極又是「死」。人不能擺脫死，所以人生本身便是一齣更大的悲劇。但，人已生下來了，就必須活下去，而且要好好的活下去。一個高級社會的人要活下去，一個低層社會的人，仍然要活下去。低層社會的人，往往很不快活，高級社會人士，也不一定快活。但每一個人，都必須尋找自己的生活的路。

有人說，中國只有迷信，沒有宗教。有宗教的地方，可以用宗教來彌補人生。其實，既然是宗教，也不管是哪一種宗教，迷信的成分都很濃厚。但現在，因為知識的普及和進展，人已對宗教起了疑心。現代人的最大悲劇，是宗教的崩潰，是宗教心的喪失。但知識本身又不能替代宗教。財富不能，地位和權勢也不能。現代的人，已不能像以前的人那樣，在心靈上找到無償的依憑了。

我曾寫過一篇小說〈門〉，寫一個無緣無故被開除的職員，和他心理上的掙扎。最後，他找到了一道門。他不知道那是一道真門，還是一道假門。他沒有那種能力，因為故事的結束，並不代表人生的結束。

當時，我認為這是很了不起的發現，也認為這是一篇真正的創作。因為我發現了前人所未發現的，我已寫下了前人所未寫過的。因為我似已替痛苦的心靈找到了一條解脫之路。一直到有一天，我發現到孔子所說的「不遷怒，不二過」，正是那個人所找到的門。開始，我很洩氣，就好像孫悟空翻不出如來佛的手掌那樣。

後來，我的心境也慢慢平靜下來了。我覺得我應該滿意。許多人說儒家的思想不是宗教。但儒家的思想裡，卻有許多看似平易的道理，為一般人所忽略的。我不敢說我受過儒家的影響，但儒家思想的影響，已普及整個社會。在這種意義之下，耳濡目染，已有些儒家的影子活在我的心中了吧。

我想在沒有宗教的國度裡，尋找一點心靈上的依憑，卻意外的發現到一些在外表上看來很簡單的道理，含有深遠的意義。我相信，在宗教以外，應該還有信仰；沒有迷信，而仍有信仰，便是宗教。如果在將來，在沒有宗教的世界裡，人的心靈仍然有救濟的辦法，那很可能就是人透過自我尋索，完成自己，而獲得人和人之間的和諧。那時，人將不再孤寂。

一個作家，並不一定是一個救濟者。但只要他對社會和人類的前途有所關心，他將可以找到自己的努力方向。

尋找自己，尋找人生，便是我的創作的奧祕。

——1979年10月15日，《民眾日報》

選自《台灣文學的基點》
（高雄：派色文化出版社，1992年7月）

樹的見證
寫在鄭清文國際學術研討會之前

◆ 鄭清文

看台灣，住台灣，寫台灣，我們都需要有一顆敬畏的心，像一棵矗立在那裡，承受風吹、雨打、雷劈的大樹……。

三十多年前，有情治人員到我上班的地方，問我，銀行的工作，很不錯，為什麼還要寫文章？

我笑笑，沒有回答。我想繼續寫文章。

那個時代，我們都很小心。那個時代，情治人員駐在郵局，可以隨時查閱私人的信件。那個時代有人連日記都不敢寫，甚至有人把日記燒掉。

那一次訪問，我很清楚的意識到山谷的存在。之前，我曾讀過契訶夫的一篇作品〈山谷〉。

台灣的整個情況，像四周圍繞著山的山谷。台灣，四周是海，台灣人不能靠近海。台灣有三分之二是山，台灣人入山要辦入山證。台灣人，也不能自己出入台灣。

我寫山谷，也寫湖，寫水庫。我寫橋，也寫隧洞。那是通往外界的有限的管道。

實際上，數量不多，我也寫過山，寫過海。

我所讀的〈山谷〉，是日語本，書名叫《俄羅斯三人集》，除了契訶夫，另外是果戈里和高爾基。那是一本連封面都已破損的書，出版於昭和初期，比我還老一點。當時，俄國作品還是禁書，那本書是日本人留下來，流到舊書攤。

那本書，在我的個人和寫作的成長過程，給我許多滋養。我從那裡，了解什麼是小說，什麼是文學，也學習到人要有同情心。

俄國作家納布可夫在論契訶夫的文學時提到，契訶夫寫好人，那些好人卻不能做好事。

為什麼好人不能做好事？那是個人的因素？還是社會的因素？

契訶夫有一篇很短的小說，叫〈悲哀〉。一個馬車夫，他的兒子死掉了。他告訴坐馬車的客人，兒子死掉了。沒有人理會他。最後，他告訴他的馬，我兒子死掉了。

好人不能做好事，是多麼悲哀的事。

兩年前，我坐小型公車上貓空，正在2004年總統大選前。在車上，碰到一個年齡和我差不多的老人。

有人問他選誰，他回答，誰管都一樣！

日本人管，和國民黨管，一樣嗎？蔣介石管，蔣經國管，和李登輝管，一樣嗎？

以前不能選擇，現在能選擇，一樣嗎？

我感到驚訝，不滿和悲哀。是不是被人管太久了？

我想到納布可夫的話。不錯，車內碰到的那個人是一個好人，卻不知道如何做好事。

那個人，應該有70歲了，看來那麼樸實，那麼善良，很可能是當地的茶農。

那是人的無知？還是人的惰性？還是他想永遠做一個安分守己的人？

以前，小孩哭不停，大人會說，警察來了。我們那個時代，很多人是這樣長大的。那個人也一樣嗎？他是不是也用同樣的方式，帶大他的小孩？

我看著他下車，看著他的背影。他真的是一個又樸實，又善良的人。

納布可夫又說，那種人，在蘇維埃的俄羅斯是不可能有的。

以前，在電視上會看到一種畫面，很多蘇俄人在排隊。有些人，甚至不知道為什麼排隊。他們唯一清楚的是，排隊一定不會吃虧。這是他們的生活，也是他們的哲學。在我們的印象中，俄羅斯人是高大的。為什麼高大的俄羅斯人會變得那麼矮小？是因為在那種政治制度之下，好人消失了？

不過，那些俄羅斯人至少懂得排隊。

在三十多年前，或者更早，有一位住在鄉下的同事，騎摩托車經過，看到有人被車撞倒在地上，撞人的人已逃逸了。他把傷者扶起來，送去醫院。那人反過來咬住他，說是他撞他，要他賠償。最後還告到法院。法院判我的同事要賠償，理由是，如果你沒有撞到人，為什麼要送他去醫院。

好人不能做好事，的確是個人的悲哀，也是整個社會的悲哀。

這是無助的，卻不是絕望。

台灣的社會，在改變中。

十年前，我上班的地方靠近二二八公園，午飯後，我會去公園走走。

有一天，我看到池塘周圍有很多人。有人在池塘裡放毒，殺了很多魚，有人在救魚。有大人，有小孩，有男人，有女人。他們脫掉鞋子，撩起褲子或裙子，在發臭的毒水裡面救魚。有人，為了人與人之間的恩怨毒魚，有人為了尊重魚的生命救魚。

有人虐待自己的子女，也有人收養孤兒。有一對夫妻，收養了幾個孤兒，卻不選擇健康可愛的小孩。有缺陷的小孩，他們照收。一個家庭裡，出現一個有缺陷的小孩，是一家族一輩子的重擔。較早期的台灣社會，有人這樣想，這是前世的負欠，是來討債的。

我寫過一篇作品，叫〈秋夜〉。婆婆38歲死去丈夫，要求媳婦在38歲以後，不能再和丈夫同房。她有三個媳婦，大的遵守，還監視其他兩個。另外一個，耐不住寂寞，交了別的男人。

三媳婦，在中秋的次夜，月亮正圓正明亮時，走了幾個鐘頭的山路，沒有燈光，也幾乎沒有人影，只有蛇和野狗的山路，去會見丈夫。她不是有計畫，只是在不知不覺中，丈夫的引力超過了婆婆的阻力。

以前，有人死了，沒有家人收埋，把他放在「有應公廟」，以免成為孤魂野鬼。最近看報，有人替這種無名屍做了墳墓，還每年祭拜他們。

我們在台灣，能夠看到越來越多的好人，

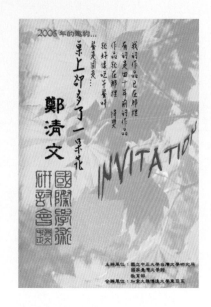

2006年5月27、28日，中正大學
台文所舉辦「鄭清文國際學術研
討會」邀請函。（鄭谷苑提供）

有能力，也懂得做好事。

我曾經寫過，一個年輕的女學者，身體有缺陷。她很孤單，很寂寞。寂寞，連猴子都會發瘋。但是，她卻固守著寂寞。她看到了校園裡的大王椰子，一張葉子掉下來，不是葉子的死，是樹的成長。

老祖母大我77歲。我只記得她裹小腳，一顆牙齒也沒有，身邊帶著一根拐杖。拐杖用來幫助她走路，有時也可以打人。用腳踩踏掉在地上的米粒，一定會被打。她不識字，卻可以將「米」字拆成八十八。一粒米，農人要經過88道手續才能完成。

這一件事，我一直記在心裡。我發現，那是一種敬畏的心。對於人、物、事的敬畏之心。

我寫大王椰子，喜歡那種筆直，向上生長的姿態。直和高，是一種心的狀態，也是心的方向。

人，年紀越大，駝背越厲害。我到植物園散步，樹會提醒你，要伸直身體，往上看，看它的樹巔。台北的植物園還不到一百年，每次去，總覺得那些樹又長高了。

在有生命的物種中，只有樹是往上生長的。很多物種，都很難抗拒地心引力。

我寫過一篇童話，一個砍木人，在砍樹之前，要先向那棵樹行禮。小時候，雞鴨是自己宰殺的。家人在動刀之前，要唸唸有詞，「做雞做鴨無了時，趕急出生大厝人子兒」。這不是迷信，是對生命的敬畏之心。

小時候，喜歡爬樹。公會堂有很多樹。爬茄苳樹搖金龜。不過，茄苳樹有許多毛毛蟲。爬朴仔樹採朴仔子，可以打朴仔管。爬苦楝樹，採樹子，打同伴的頭。

公會堂，也有大王椰子，不過樹幹太粗大，爬不上去，可以爬檳榔樹。檳榔樹也是筆直的。不過，不管爬什麼樹，都必須下來。

榕樹、茄苳、樟樹、欒樹，都是台灣的景觀。各種樹，有不同的顏色，不同的味道和不同的樣態。都那麼熟悉，也都那麼迷人。

樟樹是台灣的特產。以前，化學藥品還沒有那麼發達，樟腦是台灣的特產，幾乎占全世界90%的產量。

我們看樹，都是看地上的部分。小時候，聽大人說，一棵樹，地上的枝葉有多大，在地下的樹根也多大。

1972年，我在參觀梵蒂岡聖彼得大教堂。導遊是一位歷史教授，他說聖彼得大教堂上面有多高，地下就有多深。這有幾種啟示。

我們寫小說，常常只寫地上的部分。從另一角度看，我們寫人的正面，也寫人的負面。

用樹或梵蒂岡來做比喻，也許不是很恰當。不過，文學作品的確是這樣架構的。台灣還有一種樹，叫檜木。這是台灣的國寶。

檜木，和大王椰子一樣挺直，卻更為高大。

檜木，不管是外觀或材質，都是上等的。它有高大挺直的樹幹。它的材質，硬軟適當，紋理美觀，還飄著清香，也可以煉製油精，連蛀蟲都不敢接近。

美國有一種樹，叫紅木，因為材質太硬，刀斧不入，無法利用，所以存活下來，形成偉大的景觀。

檜木，不但要經過風吹、雨打，還有雷劈。最可怕的是人類的砍伐。樹最害怕外力的傷害。

人的生命是用十年計算的。樹是用百年、千年計算的。

人可以看到貓、狗出生、長大、死去。同樣樹可以看到人的出生，長大和死亡。

有人說，台灣只是一個小島。它是一個美麗的小島。

葡萄牙人說，台灣是個美麗的島嶼。因為台灣有美麗的海，有美麗的山，以及山上有美麗的樹。

台灣有東亞最高的山。它有不同的氣候帶，適合各種動物和植物，包括世界上最珍貴的檜木。

台灣的四周是海洋，比任何大陸要更大的海洋。

以前，台灣的作家不大寫山和海。那是因為長久以來，台灣人不容易接近山和海。現在，已有不少人在開拓這方面的領域了。

有人說台灣沒有歷史。台灣沒有歷史嗎？台灣並不限周朝或漢朝，也不限印度、埃及和希臘。有人就有歷史，有動物、有植物也是歷史。

台灣有很多巨大的樹，它們的樹齒都超過千年。有人很重視，有人說要替這些樹命名。2500年的叫孔子樹，2000年的叫司馬遷樹。超過3000年的呢？

千年來，那些樹就在那裡，有不少，現在還在。樹只有存在，並不需要名字。

那些樹在那裡，默默地成長著，靜靜地看著時間的流逝，和歷史的更迭。

它們，長得那麼高大，又那麼挺直。

它們，看著這一塊土地上的山川草木，也看著這塊土地上的人與事。一棵千年以上的樹，已有足夠的時間去看到地理的變化以及人事的消長。

看台灣，住台灣，寫台灣，我們都需要有一顆敬畏的心，像一棵矗立在那裡，承受風吹、雨打、雷劈的大樹。

——2007年5月27日，《聯合報》

選自《樹的見證——鄭清文文學論集》
（台北：麥田出版，2007年3月）

評論與懷念輯

悼念鍾愛的
台灣作家
鄭清文

◆ **木下諄一** 小說家、隨筆家

木下諄一（右）拜訪鄭清文合影。（木下諄一提供）

11月4日中午，我出席了一場聚餐，是某個日台友好團體的創立五周年紀念餐會。與會者超過一百人，餐會上大家熱絡地交換名片。

日本人與台灣人以恰到好處的比例，打散圍著約莫十張圓桌入座，這是主辦單位為了增加日台雙方的交流機會而特地安排的。

席間，有許多台灣人與我同桌，其中有一位看似三十多歲的男子，看了我的名片後，似乎對我感興趣起來。因為我在名片背面放了自己的著作照片，而對方很愛讀小說。

就這樣，我跟他一拍即合，開始天南地北地聊著小說與文學。

「你喜歡哪位台灣作家呢？」這個問題我被問過好幾次。

「鄭清文。」我每一次都這麼回答。

對方表示他也喜歡鄭清文的作品，讀過好幾本他寫的書。連喜歡的作家都一樣，時間流逝的速度霎時快了起來。我們兩人一直聊到餐會結束，都還繼續站著聊個不停。

幾個小時後，當我回到家中，打開電腦準備寫稿時，突然收到一封朋友發來的訊息。「我剛看今天的新聞，得知鄭清文好像過世了。據說是今天中午，在醫院進行復健後突然心肌梗塞。」

我一時陷入混亂，就這樣點開她附加給我的報導。

畫面裡出現一張照片，是當年鄭清文以舞台劇《清明時節》原著的身分，和吳念真留下的合影。影中人看起來沒什麼不對勁，像平常一樣精神不錯。然而，當我開始閱讀內文，一顆心逐漸往下沉。

看來，鄭清文真的過世了。

從書迷到結識作家，一起參加讀書會等等的日常交流

初次邂逅鄭清文的作品，是在2003年的夏日。那一年，我正打算參加文建會（今之文化部）主辦的翻譯競賽。

競賽分成詩與小說兩個類別，比賽辦法兩邊一樣，都是把華文創作的作品翻譯為日文

（同時也有英語和法語）。我那時打算參加小說類，方法就是找一篇自己喜歡的短篇小說來翻譯。

當時我對台灣小說並不熟悉，完全不知道該選什麼樣的小說參賽才好。於是我決定去公館逛書店，想找篇有意思的作品。

不知道逛到第幾間書店時，我拿起了鄭清文的短篇集翻閱。

在這之前，我已經站在書店翻閱過好幾本書，差不多累得不大有興致讀下去了，但還沒讀幾行字，這些疲累立即被忘得一乾二淨。

他寫的文章就像一段美麗的曲子，隨處可見彷彿經過細膩計算的精準描述。字裡行間隱含想像空間，同時又能明確地傳達情景。更重要的是，他的故事基底有著強大的主題流淌其中。

我一口氣讀到最後一頁，這本書就是《春雨》。

於是，我決定翻譯這篇短篇小說〈春雨〉，參加比賽。

翻譯作品只花了兩天時間即完成，我自認還算譯得不錯。那之後的三個星期左右，我每天斟酌譯稿的字句，最後終於完成一份自己也覺得滿意的作品。

評選結果公布，我拿下第一名。由於第二名從缺，我想我應該是獲得很不錯的評價。只不過就我自己而言，總覺得這一切都要歸功於在翻譯之前，作品本身就非常卓越，所以從我選中這篇作品的那一刻起，就有勝負已定的預感。

接下來，十年光陰過去，我開始替某報紙的專欄寫稿，某一天編輯對我說：

「我這次要跟鄭清文老師碰面，可以替你轉交那篇翻譯比賽的得獎譯稿喔，而且鄭老師他也懂日文。」

雖然我自己覺得譯得不錯，但想到要給作者本人閱讀，還是覺得實在太厚臉皮，而有點畏縮。

過了一陣子之後，我的想法有了轉變，決定把這當成一種緣分，接受編輯的好意。

只不過，當下我並沒有特別期盼，那時候沒有收到鄭清文的回音。

然而又過了半年左右，同一位編輯卻突然寫信過來，信上說：

「鄭清文老師說想跟木下先生聯絡。」

信裡還附上鄭清文的電話號碼。

我拿起話筒，卻沒辦法立刻按下號碼，又把話筒放回原本的位置。

「我應該跟他說日文還是中文好呢？」

我一邊這樣思索，然後再次拿起話筒。

「喂？請問是鄭清文老師嗎？」

那時我說的是中文。

鄭清文想跟我聯絡，是想請我到他統籌的私人讀書會當講師，希望我能從日本文學中選一位作家，來聊一聊他的生平或作品之類的事跡。

我選了和我一樣在外國定居的小泉八雲，想談談他的作品與人生，以及在國外生活這件事等等，並詢問鄭清文的想法，他對我說：「聽起來很有趣。」

自此以後，我開始會跟鄭清文私下碰面，可能是去喝咖啡，或是去聽音樂會。對我來說，那段時間就像做夢一樣。

在那些時間裡，當然也會聊到鄭清文的小說。

「說中式炒鍋炒菜的聲音聽起來很像『三八、三八』，我覺得好感性。」

「我很能體會偷廁所衛生紙的男人他心裡

2012年5月6日，木下諄一的隨筆與鄭清文的小說同時刊登於《自由副刊》。

的感受。」

當我告訴他我的讀後感時，鄭清文就會露出滿臉笑容，先說那部作品的標題，然後道出詳細的解說。

不僅如此，他還會告訴我一些創作祕辛，包括小說裡的角色是否參考實際存在的真人等等。當時我還不明白那些事有多寶貴，但現在的我終於明白了。

細緻刻劃小人物，娓娓道出人世縹緲與鄉土關懷

後來，某個網路媒體向我邀稿，要我介紹台灣文學給日本人。

我毫不考慮就選了鄭清文的作品。只不過，我不想介紹像〈三腳馬〉那樣已經在日本翻譯出版的代表作，而想介紹他的新作品。於是我選了收錄在《青椒苗》（2012年，麥田出版）裡的故事〈大和撫子〉。

故事舞台從日本統治時期開始，一直寫到戰後動盪不安的時代，透過一位男人的視角去描述一名活在這大時代底下的台灣女人的一生。讀畢之後，腦袋裡仍被那受大時代擺布的男女所占據，並深切體會人類是多難抵抗一整個時代的巨浪，只能任憑夢想與愛情通通葬送於歷史的虛無縹緲。除此之外，作品中描寫日治時代的社會情景，彷彿一張張隨手拍下的照片，讓讀者能在心中鮮明地勾勒出畫面。

行文至此，我想到鄭清文常對我談起日本統治時期的事，聊那時每天平凡日子裡，有台灣人，也有日本人的生活。鄭清文出生於1932年，二次大戰結束那年他13歲，聽著他談當時的所見所聞，我幾乎陷入一種錯覺，以為自己也身歷其境。後來我寫小說《アリガト謝謝》時，也參考了不少那時聽他談過的事。

2012年5月6日，鄭清文在《自由副刊》（《自由時報》的文藝版）發表小說〈蟲與鳥〉。他的小說底下，一個小小的欄位刊登著我的文章，「隨筆台灣日子」專欄〈阿搭嘛控古力〉。這是我與鄭清文同場上映。這件事讓我開心不已，直到今天都還收藏著那份珍貴的報紙。

原刊於2017年11月27日
nippon.com 走進日本

一顆善良、崇高的心

回憶作家、翻譯家鄭清文

大約五年多前，我翻譯完《當代英雄：萊蒙托夫經典小說新譯》的時候，想了解一下國內文壇有沒有哪位作家跟萊蒙托夫有關連，滿意外地查到鄭清文老師的名字，之前只知道他對契訶夫的喜愛，我讀過他譯契訶夫的小說《可愛的女人》（志文版），也讀過他把普希金的詩體小說《奧涅金》譯為《永恆的戀人》（志文版），這次的新發現頗令人驚喜，於是我冒昧地直接打電話給老師，邀他為我的新譯本寫一篇文章。

電話中聊得很愉快，經過短暫的交談，我對鄭清文老師與俄國文學之間的緣分有了大致的認識：

「戰後，日本人回去，留下許多文學書，在舊書攤。我買到一本《俄羅斯三人集》，收契訶夫、高爾基和果戈里的短篇。我讀契訶夫的作品，被迷住了⋯⋯」

整體來說，鄭老師最欣賞契訶夫，他自己在創作上也最親近契訶夫的風格，那就是描寫「生活、生活、生活」，或「現實、現實、現實」，儘管小說總會交織虛構，但他認為「虛構是超越事實，是在追索真實」；而萊蒙托夫這本小說大概是形式吸引他，接著他談到自己的《現代英雄》小說集為何改名為《龐大的影子》：

「1976年，我出了一本小說集，叫《現代英雄》。這個書名，來自俄國萊蒙托夫的日譯本《現代の英雄》。當時在台灣，俄國文學作品，幾乎都是禁書，所以閱讀的對象，也以能找到的俄國作品優先。《現代英雄》似乎沒有引起讀者的反應，因為裡面沒有一篇叫〈現代英雄〉，可能不少讀者也搞不清楚什麼是英雄，英雄在哪裡。後來，出版社就建議取其中一篇〈龐大的影子〉做書名⋯⋯英雄在哪裡？這是很大的疑問。我當時模擬他的書名，也是看到了社會上有不少反面角色。『英雄』兩字，是揶揄？是反嘲？還是有更大的內涵？⋯⋯」

值得玩味的是，迥異於俄國時空背景的台灣作家鄭清文，同樣也面臨萊蒙托夫在小說序文中所說的困境：「我們的閱聽大眾還太年輕、太天真，如果在寓言的結尾沒找到道德訓誡，他們就無法理解文章要說什麼。他們看不透玩笑，感受不到嘲諷⋯⋯」

後來，我跟鄭清文老師和他的家人有過幾次聚餐，他的小女兒鄭谷苑偶爾會來，她總是很貼心地陪著父親，學心理學的她談到文學也興致盎然，常聽鄭老師說多虧她幫忙整理書稿，他才有辦法出這本書那本書。有一回跟鄭清文老師還有他孫女聚餐，我和熊宗慧就帶我們的小朋友一起去，在小朋友面前他更顯童心，笑得更開朗，那天他送給我們小朋友一本他創作的童話《燕心果》。回家後我在睡前讀給孩子聽，讀到那篇〈燕心果〉的時候，我越來越有一種熟悉的感覺：

鄭清文寫作喜刻畫現實，剩下的就留給讀者思索。（黃力智攝影）

　　從前有個南方海洋某小島上生長一種果子，形狀像小鳥的心，味道又香又甜，吃了就會長出翅膀。島上住著許多燕子，其中有一隻燕子趁著春天往北飛去，遇到一隻海狗抱怨北方天氣冷，燕子就邀請海狗去溫暖的南方一遊，但是太遠了怎麼辦呢？燕子想起家鄉的果子吃了會長出翅膀，便承諾明年春天會帶來給海狗。轉眼一年就過，這隻燕子生了小燕子，母子一行北飛，但是童話故事總是必須經歷兩次挫折，第三次才會成功，因此飛行途中遇到逃難的烏魚，燕子媽媽出於同情送出了果子，烏魚長出翅膀，後來成了飛魚的祖先；燕子母子繞回去再拿果子，第二次途中遇見小老鼠，燕子媽媽出於信任說了果子的妙用，而狡猾的老鼠卻用計騙走了果子，這隻老鼠後來成了蝙蝠的祖先，而燕子媽媽發現被騙後氣得咯血身亡，小燕子

們看到血泊中還有一顆果子，那並不是真的果子，而是母親的心，但母親臨終前要孩子們帶牠的心去給海狗，這個遺願最終實現，海狗吞下果子，不過一聽到這是燕子媽媽的心的那瞬間就不再長出翅膀，因此海狗到現在還是生活在寒冷的北方。小燕子們回到南方後發現故鄉小島因火山爆發而沉沒，神奇果子從此不再有了。如今，每年春天燕子還會飛到北方，把溫暖帶去，並探望埋在那裡的一位可憐母親和海狗朋友。我們現在把這種消失在世上的果子叫燕心果。

　　讀完後我發現，這篇跟俄國高爾基的一個短篇小說〈伊澤爾基利老婆婆〉有很大的共通點。高爾基的這篇故事裡講到一個傳說，一個被敵人困在森林裡的部落想找出路活下去，但大多數人只是徒然悲哀自己的處境卻毫無行動，直到有一個美男子丹科出面帶領

大家走出黑暗森林，他們一路跋涉艱險，走到最深最暗處，就快走不下去，於是丹科掏出自己的心，高高舉起，那顆心瞬間燃燒了起來，光亮比太陽還強烈，因此黑暗四竄，全部族的人得以走出去開始新生活，而丹科的心燃燒殆盡，自己也死去，他不求回報的付出，讓全族人永難忘懷。

讀過這兩篇故事是不是有類似的感受！生活在群眾之中，先為他人著想——而這種人生觀是否也像燕心果一樣消失在世上了呢？不過鄭清文較少在作品中提問或勸諭，他跟契訶夫一樣喜歡刻畫現實，剩下的就留給讀者思索。從一個層面來看，作家鄭清文對於心的刻畫，與俄羅斯的文學傳統還頗契合——求生存與過生活不一樣，生活更需要用心，

人類因這顆心的完善表現而顯得更崇高。

後來我出版《外套與彼得堡故事：果戈里經典小說新譯》也請他寫一篇文章，其中末段似乎也印證了他身為作家的這點追求：

「〈外套〉發表於1842年，這種現實曾經存在過，卻沒有消失。而果戈里也說，想像更重要，不過只靠想像不能達到高的境界。他的作品提示，一個作家需要一顆善良的心，也更需要一顆崇高的心。」

鄭清文老師身為作家的態度、創作上的質樸、翻譯方面的眼界、觀察現實的洞悉、生活上的家常、待人的開朗笑容，以及那顆誠摯的心——這些都將永遠留在我的心裡。

原刊於2017年12月《文訊》386期

鄭清文的創作以小說和兒童文學為主，兼及論述。

割不盡的情愛

◆ **甘耀明** 作家

鄭清文的小說簡約明白，不拖泥帶水，卻隱藏精密的齒輪，如果描述得有些拐彎抹腳，則況味縷縷。這是我在1993年讀鄭清文《相思子花》的想法，他以此書榮獲該年時報推薦獎。當時仍是生澀寫手的我，循獎閱讀，是學習的重要管道。

鄭清文的筆鋒，總是流動女性靈魂。稚齡與滄桑的女角色，不論踽踽，或是在人群裡兜兜轉轉，照見鄭清文的人世關懷。他有兩篇短篇小說是我鍾愛的，分別是收錄於《春雨》的〈清明時節〉，與收錄在《七十二年短篇小說選》的〈割墓草的女孩〉，兩者完成的時差有十餘年，皆以清明墳場的割墓草做為人情牽絆或解脫的橋段。

我認為〈割墓草的女孩〉可列入初中語文教材，樸實，力道無比。在工業社會的巨大煙囪的意象壓迫下，替人割墓草的小女孩小娟，被墓主冷冷地要求清除墳丘上、臨墳撿骨後丟過來的死人穢衣，之後又遭阿康暴力索錢。小說無時無刻不在處理小娟的無奈，以及卑微縫隙中，迸出的純真花朵。小娟被霸凌之後，頑強抵抗，咬傷了阿康的手指，卻又心懷歉意的關懷對方。小說除了意有所指，也使流露純真心靈的小女孩，暴露在結尾的冷冷雨中。

〈清明時節〉處理女性間的糾葛，小三與正宮先後來男人墳前祭拜，引燃彼此醋勁。死者已矣，即將要結婚的小三學著放下孽緣，正宮的情仇卻未結。鄭清文神來一筆，安排了一位已死去的「割墓草的老人」穿針引線，說是來展現生命的溫度也行，說是兌現承諾也行，正宮的怒意在這裡終於也埋進細雨紛紛的記憶墳塚。

鄭清文的小說，私淑海明威的「冰山學說」：作者藏諸的弦外之音，在描述未見的深層。而我理解的鄭清文美學，乾淨俐落，舊鎮的人生百態，或繽紛或黯淡，他一概有話直說，這未必符合我所知道的「冰山理論」。因為小說脫離作者之後，從此是為讀者點燃的火光，讀者要用多少黑暗才能看見，或許還耗上自己對號入座的情感助燃，這都不是作者能控制。然而〈割墓草的女孩〉與〈清明時節〉的出現，使我對鄭氏美學多了純粹想法，那真的是回歸小說藝術與人生的美麗遭逢，用簡約文字表達了極大的吃水線之下情感，無須用上任何文學解讀的手術刀，便能撞擊了我。這是閱讀小說最好的享受。

原刊於2018年1月8日
《自由時報·自由副刊》

神祕的傳遞

懷鄭清文老師

◆ **伊格言** 作家

鄭清文攝於舊金山。（鄭谷苑提供）

我是到鄭清文老師家裡蹭過飯的人。

我幾乎已完全忘了是何機緣——大約不脫與清文老師女兒鄭谷苑老師的關係吧？在那籠罩著昏黃光暈的，永康街附近的老公寓裡，我一邊吃著師母（清文老師的太太）親自捋袖操刀備好的一整桌豐盛菜肴，一邊可笑地在清文老師一家半強迫下蒐羅了一大堆剩菜帶回家——他們可憐我隻身在外，又不擅自炊，大約是母性引爆（？），拿出了家人等級的關愛來對付我。當然啦，對我一人而言那是扎扎實實整整四、五天份的吃食（為何這麼多？想必和那天清文老師家中人丁興旺有關；清文老師的孫女似乎剛考完試，親戚們的聚餐大約有些慰勞兼慶功之意），我食量不算大；半開玩笑地說，我等於是給清文老師養了一個禮拜。

那是我極難得極少數參與文壇長輩家宴的機會。我不擅社交，其實在那般場合都有些許不自在；我也愛與朋友聊天談笑，但極少主動「糾眾」。這導致與我有交情的文學圈長輩們極少；因此而吃的虧倒是不少。換言之，一切靠的是機緣。我印象最深的是清文老師的書房——大約有一半日文書。我想起許多年前一次在台北捷運上遇見台大法律系李鴻禧教授，他同樣隻身一人，坐下便戴起老花眼鏡開始看書，看的是日文文庫本；正是此一細節使我確認他就是李鴻禧教授本人。清文老師的半日文書房使我再次確認了那種老一輩知識分子（那「最後的紳士」）之典型氣象。

但從此以後似乎再也沒能見到清文老師本人了。與大多數讀者並無不同，有的是紙面上的相遇。我喜歡像〈屋頂上的菜園〉這種作品；它其實極高強度壓縮了本應做為一長篇之格局——貧窮、匱乏、現代性（戴上了醫療技術面具）之入侵；情欲、血緣與生命的傳遞；良心枷鎖、道德壓迫、社會變遷；最終以一神祕的，未曾被真正揭示的死

亡作結。那當然不是純粹意義上的死亡；那是「死不是生的對立面，而是生的一部分」——當然，相較於村上春樹《挪威的森林》，這是正面意義的「死是生的一部分」——死亡在此一點也不恐怖，「屋頂上的菜園」正象徵命運本身的神祕，彷彿它總在向你低聲承諾，它終究會以自己的方式，在你無從知曉兼且無從掌握的地方傳遞下去。如此寬闊，如此溫柔。我欣羨這種圓熟——清文老師似乎從來不曾著迷於刺激性的「金句」（如2017年的此刻所莫名流行的——不僅是通俗文學界的流行，連純文學界也如此流行），他溫厚無比，一如我們所預期，將藝術價值默默交付予我們習慣的人物、情節

與清淡的文字，白粥般營養豐富且滋味綿長。那其中並非全無狠辣之味、並非全無尖銳的道德困境（〈屋頂上的菜園〉中就一點也不缺），但多數時候，都像〈屋頂上的菜園〉這樣被溫柔地記住且原諒了。說來或許有些奇怪，這其實相當程度影響了我個人的短篇小說創作——在長篇中我往往不這麼做的（我對長篇的美學預設與短篇截然不同）。

紀念清文老師。願他的靈魂永遠伴隨我們。

原刊於2018年1月8日《自由時報‧自由副刊》

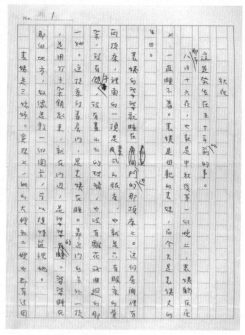

鄭清文〈秋夜〉初稿。　　　　鄭清文〈秋夜〉修訂稿。

台灣小說界的長青樹鄭清文

◆ 向陽　台北教育大學台灣文化研究所
教授兼圖書館館長

鄭清文很早就榮獲吳三連文藝獎,此後即經常協助吳三連獎基金會。圖為2014年夏天於吳三連獎基金會的邀宴中合影。左起:向陽、劉克襄、鄭清文、許俊雅、陳列。(向陽提供)

一、

11月4日晚上在宜蘭,參加小說家黃春明為「第12屆悅聽文學」所設的晚宴,席上忽然傳來小說家鄭清文因心肌梗塞已於中午辭世的消息,眾人皆不敢置信,也大感錯愕。

鄭清文是台灣元老級的作家,從1958年在《聯合副刊》發表第一篇小說〈寂寞的心〉迄今,一路書寫,從未停筆,可說是台灣小說界的長青樹。寫作半世紀,他寫出了二百多篇短篇、三部長篇、三本童話集,他真是一個勤奮不懈的「筆耕者」。這些作品經由他樸實、自然的筆,理性冷靜的心,展現出了讓人動容的情節,無論以他出生的故鄉舊鎮為背景,或者以現代社會為背景,都能在平淡的筆端下顯露深沉的生命哲學以及複雜的人性。儘管他在獲得國家文藝獎時曾謙虛地說他的作品「只是台灣文學大河中的一點水」,他的作品在台灣文學的長河中則是恆定而不可或缺的。1999年,他的小說集《三腳馬》英譯本在美國哥倫比亞大學出版,並於同年榮獲美國「桐山環太平洋書卷獎」(Kiriyama Pacific Rim Book Prize),這更讓他的作品跨出台灣,在世界文學的大河中受到矚目。

鄭清文擅長以平淡的簡筆表現人性的深層結構,不過,他呈現的未必都是人性的陰鬱,也有頗多光明面,明暗交織,光影交錯,或許才是鄭清文小說的迷人之處。他的小說,深刻地寫出市井小民悲歡離合的人生,並對他們莫可奈何的生命有以探照,蒼涼中不失溫暖。這是我對他的小說整體的印象。

開車從宜蘭回暖暖途中,中央社記者打來電話,詢問我對鄭清文辭世的感受,也提到今年九月他和135位作家連署發起「支持調降文言文比例,強化台灣新文學教材」一事。因為開車,我只能簡單回答,略稱鄭清文一生為人謙和,行事也低調,他之所以連署支持國文課本調降文言文比例,應該是期望台灣語文教育有所改革,不忍於年輕學子所做的決定,這大概也是他一生之中少有的參與連署之舉了。

但我知道,他這麼溫和的人會在國文課綱文白之爭這樣充滿爭議的活動中,同意擔任共同發起人,絕非一時興起,而是因為他對生身的台灣的愛,他對奉獻一生的台灣文學能在台灣這塊土地上源遠流長的期許。正如

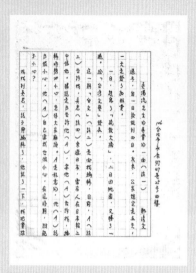

鄭清文日記〈吳濁流先生的真實的一面〉，由鄭夫人陳淑惠逐字謄抄的稿子。（向陽提供）

〈吳濁流先生的真實一面〉刊登於1984年1月8日《自立副刊》。（向陽提供）

2005年他獲得國家文藝獎的得獎感言所說：

> 我的文學，是屬於台灣的。我的作品，
> 只是台灣文學大河中的一點水。大河從
> 很遠的地方流過來，也流向很遠的地
> 方。
> 台灣，過去、現在和未來，不斷有人在
> 大河中注入文學的水。
> 台灣文學寫台灣。台灣文學將更茁壯，
> 將永續長流。
> 感謝台灣。

二、

我於一九七〇年代鄉土文學論戰後認識鄭清文前輩。他是沉默寡言的作家，見面總是面露微笑，輕聲細語，談話平和，讓人感到舒適。近四十年來，我在各種不同的場合見到他，始終如是，他的小說，無論題材為何，基調也是如此。

在他的眾多小說中，我印象最深刻的是〈三腳馬〉，不是因為得獎，而是因為這篇小說描述了一位悲劇人物曾吉祥（小說主人翁）的不堪人生。曾吉祥，在日治時期擔任警察，作威作福壓迫自己的同胞，成了令人憎恨的「三腳仔」；戰後為躲避報復倉皇躲藏，導致妻子代他受罪，最後病故；自身則獨居山中，以雕刻「三腳馬」維生，並藉此自我救贖。這篇小說著重的不是譴責，而是人性的探討和反省。小說呈現的正是鄭清文人格中悲天憫人的特質。

對這篇小說的印象深刻，還來自於我曾應遠流出版公司之邀，為其出版的「台灣小說‧青春讀本」十本（許俊雅策畫）逐一錄製口白朗讀，其後由遠流關係企業智慧藏學習科技股份有限公司推出《台灣經典文學電子書》。這十本分別是賴和的《惹事》、楊逵的《鵝媽媽出嫁》、鍾理和的《假黎婆》、鍾肇政的《白翎鷥之歌》、吳濁流的《先生媽》、張文環的《論語與雞》、呂赫若的《月光光》、王禎和的《老鼠捧茶請人客》，以及鄭清文的《三腳馬》。那是2009年的事，我還記得，在遠流特約的錄音室當中，我一字一句唸讀這十篇小說，體會十位台灣前行代小說家的心血時的心境。讀到

《三腳馬》時,發現這篇小說很獨特地以淡筆開場:

> 我從台北坐了三個鐘頭的車,到外莊找我工專時的同學賴國霖。最近我們開了一次同學會,難得自畢業以後二十多年第一次再見到他。在會上,大家做自我介紹的時候,才知道他回到故鄉開一家木刻工廠,專門製銷各種木刻品。

接著寫「我」在工廠的牆角發現有一隻奇特的馬,「那隻馬低著頭,好像在吃草,也好像不是。牠的臉上有一抹陰暗的表情,好像很痛苦,也好像很羞慚的樣子。」再仔細看,「才發現那隻馬竟跛了一條腿」——小說就以這樣平淡而帶有懸疑的敘事手法,展開了主角曾吉祥的人生悲劇。跟隨著鄭清文的清淡文字,咀嚼文字背後深沉的悲憫,也禁不住為之所動。這大概是鄭清文小說迷人之處,他總能在淡筆淡墨中,以真實的、不誇張的語調,敘說一則傳奇,並且點出隱藏在傳奇故事中人的無可奈何吧。

另一次細讀他的小說,則是2013年的事。2012年麥田出版為鄭清文出版第三本短篇小說選《青椒苗》,麥田在這之前已出有第一本《鄭清文短篇小說選》(1999)和第二本《玉蘭花》(2006),我雖買了,但一直未能細讀,倒是《青椒苗》因為於次年一月榮獲台北國際書展大獎,我應《聯副》之邀,為此書寫書評,因而細讀了書中的八篇短篇,我從〈屋頂上的菜園〉、〈土石流〉一路讀到〈青椒苗〉、〈大和撫子〉,看到他從平淡出發,卻能準確勾勒筆下角色的絕活,也看到他最擅長的對話處理,讓筆下的人物和情節因此而演出動人心弦的劇情。極少寫小說評論的我,不揣譾陋,乃以〈淡彩寫人間,深情繪浮世〉為題交出書評,推

崇鄭清文這本小說集,「以簡潔而老練的文筆,輔以情節起伏,寫出了台灣鄉土、社會的真實」。

如集中的〈土石流〉,寫不負責任的父親林春發、獨力養家的春發嫂阿娥以及從小患有小兒麻痺的女兒月琴。三人之間愛恨糾結,女兒不滿父親拋妻棄女,但最終是在土石流中緊抱背著父親而雙雙遇難。這故事具衝突性,其中的人性幽微面更是不易描述。鄭清文卻能「不動聲色」,不鑿痕跡地將愛與恨,通過冷語敘事、生動對話,以及他巧設的布局,表現得淋漓盡致。

此外,我也發現,這本小說集中的多篇小說都以死亡終結。如〈屋頂上的菜園〉,女主角阿霞死於屋頂;〈土石流〉,林春發和月琴父女死於土石下;〈貓藥〉,阿公吐血,死於臥榻;〈中正紀念堂命案〉,則虛擬了一樁死亡新聞;〈大和撫子〉,呂秀好是死於醫院——這些「死亡」命題,以不同的筆調呈現,或淒寂、或戲謔、或諷刺、或同情,在在照映了當代社會與市井人物不同的生命情調,也顯現了鄭清文小說處理人性與死亡的細緻筆法。

我所認識的鄭清文前輩,在他木訥、「古意」的個性,在他平淡、簡約的語言後面,原來藏有一種特屬於小說家的透視人間的慧眼和巧思。他用小說來向世界說話,而非用說話來寫小說。

三、

我與鄭清文前輩認識近四十年,但認真細想,見面次數數不清,卻沒說到多少話。認識他時,我是文壇後輩,他又是寡言之人,記憶較深刻的是我編《自立副刊》時期,因為約稿的關係,有幾次談到台灣文學的處境。那是一九八〇年代初期,鄉土文學論戰後的台灣文學尚未定名,仍以「鄉土文學」

或「本土文學」被稱呼，他對我在《自立晚報》編副刊深有期許，也鼓勵我的台語詩寫作，他認為台灣文學應該多元表現，編副刊也是，必須多包容不同作品或主張，才能成其為大；但也不能因為追求表面的多元，而失去台灣的本性和特質。寫作則要有自己的特色，要跟別人不同，此外還須持續地寫，不斷地寫，「不繼續寫，就什麼也沒了」。

有一次，閒聊中，他告訴我，他也曾編過吳濁流創辦初期的《台灣文藝》，那是一九六〇年代中期的事了。台灣仍在威權時期，《台灣文藝》因為掛了「台灣」，不僅吳濁流曾因此遭到約談，要求不可使用「台灣」之名，吳濁流還是堅持了；而在他幫忙吳濁流，擔任編輯時，也同樣受到警告，要他「小心」，不要「惹麻煩」。這樣的事，即使在一九八〇年代我編副刊時也是家常便飯，但一九六〇年代國民黨如何控制言論，我卻相當好奇，當下就約請他，看看能否寫出來，登在副刊？

過了幾天，他打電話給我，說他翻到了1966年的日記，當中提到了細節，我適巧正在策畫次年要在《自立副刊》推出的「作家日記365」專欄，立刻請他提供《自立副刊》發表。再過不久，他寄來了稿子，題為〈吳濁流先生的真實的一面〉。這標題，有些「聳動」，內容寫的就是清文前輩擔任《台灣文藝》編輯時的所見所聞。

這篇日記，寫的是1966年1月8日的事。當天鄭清文找吳濁流，想辭掉編輯的工作：

> 這一期「台文」是由我編輯，日前，A告訴我，吳老東遊日本，曾有人在日本報上中傷他。據說是B告訴他（A），要他（A）告訴我，編輯時務必小心，免得大家麻煩。A是好意的，他（A）說B很小心，他（A）自己當然也很小心，

在這時期，誰能不小心？

我找到吳老，說不幹編輯了，他怔了一下，我把實話告訴他，只是沒有說是誰告訴我。他（吳老）一口咬定是C，推測實在可怕。

這篇日記，很真實地寫出了《台灣文藝》創刊後，初期遭到情治單位監控的情況，被鄭清文隱掉姓名的A、B、C三人，應該也都是當時《台灣文藝》的編輯人，因此才會提醒鄭清文「編輯時務必小心，免得大家麻煩」（出了問題，遭到情治單位株連）——足見《台灣文藝》在當時受到監控的處境，不僅吳濁流遭到中傷，編輯們也人人自危。這是一篇見證白色恐怖統治的日記，我如獲至寶，就放在1984年1月8日（同月日）的《自立副刊》發表了。

只是到今天，我仍不解的是，當年的A、B、C三人到底是誰？鄭清文想說的「吳濁流先生的真實的一面」到底何所指？是因為吳濁流一口咬定C，「推測實在太可怕」嗎？或者是這篇日記後半段還提到的，鄭清文要求當期《台灣文藝》不登吳濁流的文章（〈光復二十年來之感言〉），吳濁流「又怔了一下，但立即答應了」，顯示吳濁流的大度（不因編輯要求不登文章而怒）？隨著清文前輩的過世，這答案可能無解了，這公案就有待研究者去破解了。

這篇日記，因為係應我之請，找出重謄的，因此鄭清文前輩還加了五個註腳，解釋用語「台文」就是「台灣文藝」、「吳老」就是「吳濁流先生」、「A、B、C」都是假名，「真名暫隱」等，可見他對細節的重視和有板有眼。

我保存這篇日記，算來33年了，其上的字跡娟秀，一筆一畫，清清楚楚，實在不像鄭清文前輩的筆跡。掃描後，我將圖檔傳給封

2012年，方梓（後左二）出版長篇小說《來去花蓮港》，宴請鄭清文（前右二）、黃春明夫婦（前左二、三）、廖玉蕙夫婦（前左一、右一）、陳芳明夫婦（後右三、四）、封德屏（後右二）、王聰威（後右一）；後左一為向陽。（向陽提供）

德屏總編，封總編親向鄭夫人求證之後，確定這是鄭夫人當年親為先生謄抄的，清文前輩生前的眾多「手稿」大概多數也都是夫人的手稿吧。鄭清文前輩夫妻兩人伉儷情深，書寫分工，視之為另一種「手稿」也無妨吧。

四、

鄭清文前輩早在1987年就以他的小說成就榮獲吳三連文藝獎，當時我已離開副刊，接任《自立晚報》總編輯工作，編務繁忙，但也身兼吳三連獎基金會的副祕書長，在頒獎會場上迎接他，為他鼓掌。記得當時他接受報社記者何聖芬訪問時，將得獎視為「台灣文壇的殊榮」，並且說「生活中有太多題材可以去完成小說的藝術創作，只要時間允許，我一定繼續寫作下去。」的確，他的筆從未停歇，此後他的小說作品也源源不斷的完成，他的〈相思子花〉和兒童文學作品《天燈·母親》都受到好評；另外他也寫了不少以二二八事件和白色恐怖年代為題材的政治小說，如〈來去新公園飼魚〉、〈押解〉、〈白色時代〉，以及長篇《舊金山──一九七二》等，老而彌堅，他是台灣小說界的長青樹。

此後再與鄭清文前輩見面，就愈來愈少了。較多的是，因為吳三連獎基金會常請他來指導，我因而有機會與他話家常。他還是我年輕時看到的模樣，微笑、寡言、親切而溫熱。反而是方梓因為寫小說的關係，較常和他連繫。2001年方梓的散文集《采采卷耳》要出版了，請他推薦，他爽快答應；2012年長篇小說《來去花蓮港》，也請他撰稿推薦，他都不推辭，且準時交稿。他的謙和微笑，他對後輩的鼓勵和提攜，此後是再也見不到了。

但是，他終究留下眾多的小說傑作，留下他以悲憫為基調，面對複雜人生處境，探討人性與死亡課題的深刻作品。用淡彩寫人間，用深情繪浮世的他，生前是台灣小說界的長青樹，逝後，他的小說生命必然會在台灣文學史中長存。

原刊於2017年12月《文訊》386期

29

「寫字」せんせい，天國再見

◆ 江寶釵　中正大學台文創應所
　　　　　　教授兼所長

知道鄭先生的消息，我輾轉聯繫上台文館的許素蘭女士，約在金華街與新生南路口，跟著她朝永康街走去。

這條路邁向鄭清文先生的家。信札、手記裡留下我曾經有一段時間出入、行踏的履痕。初始，為了辦研討會，我自己一個人；接著，帶研究生專訪、錄像，陪Jack做訪談錄，與Edward去做天南地北之聊。

1

Edward是核工人，長住美國，熱愛文學，也是一位詩人，他與鄭先生於鄭清文國際學術研討會結識後，每一返台就往鄭先生家裡去。與鄭先生交誼深沉的程度，Edward故去後，他的詩集《練習詩》是他的女兒鄭谷苑編輯的。「Edward來阮兜親像咧行灶骹咧！」他每每說。Edward在台北時，寫給我的信裡總也離不開鄭家，他與Chengs（鄭家人）的聚會，他們一起做了什麼事，談了那些話。如果我剛好在台北，理所當然地也要跟著去。

常常是在那樣無意而隨意的講話裡，充滿了被照亮（enlightened）的觸發與驚奇。研討會開完，他看了我為論文集寫的〈序〉，當著Edward的面跟我說：「是能寫的人。」我說：「我得過散文創作獎，一直寫散文。」他搖搖頭，說：「不要寫散文，還是要寫小說。」「為什麼？」他說：「小說才有格局，才能更真切處理人生。」我在筆記簿上寫下這句話，可是時間匆忙，來不及細想；後來有機會思考時，才發現自己並不那麼理解，一直想著要問，對於像鄭清文這樣的小說家，它的真正意義會是什麼？與我所意會一樣，還是另有隱含？可惜我永遠沒有機會問了。

聚會裡最常做的，是一起看NHK的國家地理頻道，或者是自然動植物影帶。這可以解釋鄭先生對世界，特別是台灣山、林、河、海的各個場域，場域裡可見的動植物種的熟悉，鹿、羌、松鼠、飛鼠、臭青龜子、木麻黃、林投樹、紅檜、杉木等等。有一回聚會後，Edward與我都要往台大赴約，鄭先生說他要散步，陪我們走。是八月末梢，午間時分，一個颱風剛剛從島嶼轉身，裙角的餘

2006年5月27、28日，中正大學台文所舉辦「鄭清文國際學術研討會」。左起：陳萬益、陳千武、鄭清文、李喬、江寶釵。（江寶釵提供）

威擋去褥熱，三個人或前或後地走。鄭先生一路介紹公園的動植物，經過了一座池塘蛙鳴，鄭先生講了一個貴婦把蛙鳴當做鳥嘯的笑話，並豪放地笑起來。他說蛙鳴多麼像日本俳句，噗通、噗通跳下水，簡單有力地在大自然寫出生活的形態。我想起鄭先生有篇小說〈蛙鳴〉萬餘字，從頭到尾真只有蛙鳴而已，李喬舉證鄭清文是短篇小說巨匠典範時，永遠要提到這篇小說。

我們三個人一起穿越大安森林公園的那一日，是在時間長流裡矗起的一座紀念碑。

2

沉默寡言，不擅言辭，是許多人對鄭先生的印象。然而，我與鄭先生的相處，完全不是這樣的。我與吳亦昕教授帶學生去訪問他，鄭先生向學生講了很久一段動物求偶的各種形態，滔滔不絕。我去找他，他跟我談威權統治下的種種。他對小說書寫有許多看法，Jack（林鎮山教授）訪問他時，他知無不言，言無不盡。

初訪鄭先生，他的房子才裝修過，寬敞明亮，室內權狀52坪，他說，看起來十分得意，裝修費總共花了五百萬元。

台大商學系畢業的鄭先生，對於數字敏感。數字是客觀的，不是任何個人能操作的，但彷彿他從其中看到了這也有機運的成分。考試第一名的朋友被分發到台東擔任主管，他第二名留在台北做職員，於是他們的定居購屋在城市現代性的貨幣價值下產生龐大落差的數字。這是差異的機會，不同的結果，是無人預知的命運。

鄭先生帶我參觀新裝修的廚房，在居不易的城市可謂不可思議的大，再加上師母的手藝，兩個人都好客，一定足夠滿足所有訪客的胃口。樑柱上掛著一幅字：「做頭家太辛苦」，是新莊朋友送的。打球打到流汗為止，每天找固定的時間寫作。雖然是每天出去走走，就能攜回來無數的題材；但，真正伏坐在書桌前逐字寫出來的墨跡，是諸多辛勞的累積，像蟻築穴，像蜜蜂採蜜，所以有無限做辛勞的快樂。

師母是這個產出過程最重要的見證者，她自稱是鄭先生的「工作人員」：「伊這世人

2012年3月1日，於中正大學舉行桃城文學獎決審會議，會後於學校湖畔咖啡館餐敘合影。前排左起：封德屏、路寒袖、鄭清文、江寶釵、宇文正、林黛嫚，後排左起：李長青、鄭順聰、施俊州、黃清順、周盈秀。（江寶釵提供）

統愛寫字，一直寫，一直寫……攏佇咧彼塊桌仔頂寫。老天說，你迄愛寫字，歸氣乎你寫到有夠。阮憨，寫無字，著愛幫伊抄，伊的字不好看，一个字一个字，我幫他抄，抄到迄今換囝仔幫伊打電腦。」

文學，不過是寫字的事業。

「嘛真實有影乎伊寫俗真有夠氣。伊甘知影迄去有代誌，全款紙打開嘛抑未收，想講轉來卜擱寫咧啊！講伊擱有二十個故事抑未寫完，時間到囉，愛走嘛是著愛走，甘有法度。」

鄭先生的寫字事業不只永恆地留在人間，並且還帶到天國去繼續。

3

聖塔芭芭拉，2002年，那一個遇見鄭先生的夜晚，倏忽15年。也許是一個玩笑，我拜鄭先生習作小說，鄭先生也把他對小說寫作的秘訣傳授給我，我也真的寫了一篇小說習作，可惜沒辦法請他指導。倒是那以後我跟著Jack共同執行國藝會的計畫，做了無數的鄭清文的閱讀筆記。在執行這個計畫以前，Jack已經與Prof. Lois Stanford共同翻譯了由麥田出版的專書《玉蘭花——鄭清文短篇小說選》（*Magnolia: Stories of Taiwanese Women by Tzeng Ching-wen*）。換句話說，鄭清文的小說，Jack經歷了編選與翻譯的細讀，才有訪問錄的實踐。他先做問題的提綱，接著，去鄭先生家裡訪談。訪談的錄音帶分別是針對13篇小說的發問與回答。整理完成的稿，鄭先生每一篇都親自讀過。我有時候與Jack一起去進行訪談，有時候協助修訂訪問錄。因為如此，我與Bart發表了兩篇英文論文，一篇書評。可惜，都來不及跟鄭先生說了。

鄭先生說，整理好的稿子，寄物件到厝

裡，唔通用掛號，愛用一般平信就好。要不然郵差若按電鈴，五樓懸，我走未赴通去提批。他是凡事交待得一清二楚的人。

「我驚伊行未開骸，所以，我佇咧伊的耳仔空邊慢慢仔細聲講，你會當放心做你去！」我想像著，他緊繃的臉平舒了，面容如何微微發著光。

下午三點家祭。家人彼此規勸不要哭，師母還是哭了。女兒跟她說：「媽媽，不要哭。」「你家己唔是哭假比我較厲害？」哭的情緒有時候是真正難以排解的，我打電話給素蘭時，哽咽到她在電話那邊狐疑，「誰？請問您是誰？」

我站在那張據說是鄭先生所喜愛的照片前，對於自己這樣不很認真拜師的學習，只有無數的可惜與遺憾。我發呆的當口，聽到谷苑正在有條有理地說，如何規畫後續的種種紀念，如何集合文壇、學界的眾人之力……我悄悄說：「您的兒女真好，會照顧師母、您的文學事業，您放心了。」

在寫字的事業上，自顧能力有限，因緣際會，竟受到了鄭先生無與倫比的霑溉，感激之外，只是可惜。

4

這條路的出口就是大安森林公園的巴士站，也是鄭先生每回送我搭車時的取徑。他說：著送你到遮，攔去你家已行。他說，江小姐，再見。我過馬路，轉向巴士站，鄭先生還站在路頭，我高高舉起手，揚聲說：せんせい，再見。

從鄭家、禪心閣會館回家的那個晚上，這條路蜿蜒邁向我的夢裡。師母的講話還在空氣裡流動著：「伊好命，行伊的路去囉！一世人唔捌麻煩別人，卜走嘛清清氣氣。」彷彿我聽到自己的聲音說：

「寫字」せんせい，天國再見！

原刊於2017年12月《文訊》386期

2012年3月1日，江寶釵（左）與鄭清文合影。（江寶釵提供）

江寶釵與林鎮山合編《意圖與策略——鄭清文訪談錄》，2015年9月出版。（江寶釵提供）

白姑娘，黑姑娘

敬悼鄭清文先生

◆ **何敬堯** 作家

> 我是鬼和人的混血兒。我是一個人，但有兩顆心。一顆是我白姑娘的，一個是黑姑娘的。
>
> ——鄭清文〈鬼姑娘〉

在鄭清文的童話小說〈鬼姑娘〉，敘述了一名活了一百二十多歲的女子，因為是人鬼混血而生，擁有善惡兩種面向。

白晝時，女子會是和善敦厚的「白姑娘」，救濟困苦窮人，也採藥治療村中病者。但是，一旦夜晚降臨，她會轉變成「黑姑娘」，成為破壞村莊的惡鬼。

黑姑娘會踐踏農地，如同邪惡的魍神般，讓人們在樹林裡迷路。因此，人們都很懼怕擁有善惡雙面的鬼姑娘，不願和她親近。

某日，白姑娘生病的消息慢慢在村中流傳開來，開始人心惶惶。因為眾人害怕一旦白姑娘病死之後，會剩下黑姑娘活著，而黑姑娘將會掙脫白姑娘的制衡，肆無忌憚為非作歹。因此，村人想要趁白姑娘未死，將她捕殺。

隨著刺殺行動失敗，村中最膽小的孩子阿城，卻起了一個疑問：「為何大家都想殺黑姑娘，卻沒人想救白姑娘？」因此，阿城展開了拯救白姑娘的行動……

鄭清文數十年的文學生涯中，孜孜矻矻寫作不懈，不管是小說或者評論，都為台灣文學帶來豐厚的積累。他在筆墨之間，洋溢鄉土情懷，不只見證了跨語言的時代，更一心一意想要為台灣鋪展美好壯麗的未來。他因而認為，兒童教育極其重要，童話文學將是兒童啟蒙的重要關鍵。

於是，鄭清文在七〇年代開始創作《燕心果》、《天燈·母親》、《採桃記》等童話作品。最讓我念念不忘的，莫過於這篇〈鬼姑娘〉。

鬼的存在，讓人害怕，台灣民間傳說總賦予鬼怪諸多陰暗意象。但鄭清文反而直視恐懼的源頭，說明了人心中異類必除的邪念，或許與黑姑娘之惡不相上下。擁有善惡兩心的鬼姑娘，對映著村民殺與救的行為，與其說是鬼故事，不如說是對人性的終極考驗。阿城最後淌淚，正是成長的代價。

「台灣人需要自己的童話」，鄭清文的創作理念影響了筆者追尋台灣民間傳說的熱情。如何在古老的傳統敘事中，尋覓當代的價值？鄭清文的童話創作，開啟了筆者嶄新視野。

再度翻開《燕心果》，一字一句皆是先生溫暖的心願。

原刊於2018年1月9日
《自由時報·自由副刊》

大水河下的翻滾與暗渦

悼鄭清文先生

◆ **呂佳龍** 博客來網路書店編輯

短篇小說〈土石流〉中，鄭清文說了一個這樣的故事：

拋妻棄女的林春發25年後歸家，阿娥母女並無意原諒，母女各有心計想致林春發於死地。這個敗壞無用的男人，在暴雨導致土石流的一夜，為拯救不良於行的女兒，雙雙遭到掩埋。看似父愛以犧牲而和解的結局，鄭清文以鄰人之眼，劃出了這樣的構圖——災難來襲的片刻，有人看到林進發拿著手電筒，先逃出了一、二十步，才想起什麼事似地忽然折回。

父愛並非完美，一瞬之間，善贏了惡而已。

名篇〈局外人〉，鄭清文借用推理小說的形式，讓敘事者講述了一度論及婚嫁的兩人，如何在男方發現女友的母親有兇手嫌疑後，漸行漸遠的故事。一個疑似他殺而往生的長輩，一個良善溫婉卻眼神不安的母親，「殺人會有善意的動機嗎？」十餘年後，敘事者讀完前女友來信，回憶起往事時，產生了這樣的疑問。

鄭清文筆下的人物，從來並不單純，表面平緩流動，底層暗渦潛藏。

他的情節甚少起伏動盪，敘事語言多數平淡如水，他從契訶夫擅寫小人物的作品，感受悲天憫人的氣度，他喜歡引用海明威冰山理論的觀念，力圖實踐於自己的創作中，寫下了百篇以上的短篇小說、四部長篇與數部童話作品。

讓我們回到他創作的最初吧。〈寂寞的心〉首次發表於由林海音主持的《聯合報・副刊》，這篇以老父回憶與女兒的種種情景所構成的故事，以極度壓縮時空，借鏡歐美現代小說的手法，讓人們看見鄭清文與同輩作家起步的不同之處。

1932年出生的鄭清文，在生家與養家的桃園台地與舊鎮（現新莊）的大水河邊往返，度過了日治時代的童年。越過戰後的二二八事件，白色恐怖時期，他在沒有任何背景與環境下，依靠著自己在舊書攤買來的舊書，

1993年，鄭清文（左）獲第16屆時報文學獎短篇小說推薦獎，與林海音合影。（鄭谷苑提供）

1998年，鄭清文（左）出席台灣筆會年會，與鍾肇政合影。（鄭谷苑提供）

查著字典，吸收舊俄文學與歐美文學養分，展開了創作。

起初，投稿只是為了賺取貼補家用的稿費，從首篇作品順利刊登，到林海音因故去職之際，刊在《聯合報》的作品，竟達18篇之多。這些早期的作品當中，真正取得文學成就的篇章，並不算多，鄭清文也自承直到他以〈我的傑作〉，獲《文星》雜誌徵稿得獎後，才真正確定了自己的文學志向。

一九六〇年代末期到七〇年代間，明確了方向的鄭清文，從「人生如何從悲劇中自救，獲得成長」的命題中，展開一系列寫作，並以〈校園裡的椰子樹〉達至高峰，而後多數收錄於同篇名的小說集中。透過這部小說集，可以窺見作家早期曾經採用的多樣實驗性的寫作手法，以及人如何透過自我選擇與承擔，找尋自身的出路，這種極為素樸的存在哲學色彩。

1971年，鄭清文的小說再度轉變，同年創作的〈龐大的影子〉、〈睇〉，前者以工商

變化的新穎題材，開創出「現代英雄系列」的作品；後者則以拉開時間長河的維度，將原以舊鎮為背景的題材，昇華至整個台灣歷史變遷的縮影。銳意經營的兩條路線，成為作品中最為人熟知的年代，〈最後的紳士〉、〈合歡〉、〈報馬仔〉等多數名篇均產自此一創作期。

1979年發表後廣為人知的〈三腳馬〉，敘述因鼻部缺陷經常受辱的曾吉祥，在殖民體制的環境下，打人與被打之間，他選擇投向了打人的那一方，當日本戰敗，他躲離算帳的村民，讓妻子默默承受在艷陽底下下跪懺悔的苦難，其後妻子因病而逝，他終生以雕刻三腳馬而自贖。

這篇受到高度文學評價的作品，重要性還在於鄭清文透過心靈史的描繪，呈現殖民時代依附殖民者人格的重要因素，它並非被殖民者鐵板一塊對日抗爭，在日本人與台灣人之間，在同為台灣人的階層之間，均隱藏著不同權力運作，這些都是殖民者離開之際，

1999年，鄭清文（左）出席齊邦媛主編的《中英對照讀台灣小說》新書發表會，與齊邦媛合影。鄭清文短篇小說〈春雨〉被選錄其中。（鄭谷苑提供）

被殖民者所需要面對梳理的複雜問題。

1987年解嚴後，當屬鄭清文創作的晚期，他創作出〈相思子花〉、〈春雨〉、《天燈・母親》等普遍受到文壇好評，並贏得廣泛性聲譽與眾多獎項的收穫時期。殊為可惜的是，同屬晚期作品中的另一面向，約莫以一年一篇的速度完成、涉及政治權力運作的小說群，經常為評論者或讀者所忽略。

此時他寫到的題材從二二八事件〈來去新公園飼魚〉、〈押解〉，以及白色恐怖時期與戒嚴體制〈白色時代〉；對象則從「半山」〈元宵後〉、萬年國代〈熠熠明星〉、遷台外省人〈贖畫記〉、老兵〈楓樹下〉到遭受軍中歧視的無辜受害者〈五色鳥之哭聲〉，這條創作路線，標示著鄭清文晚期在文學創作中，融入對台灣殘留黨國體制的歷史與文化批判，而長篇小說《舊金山——一九七二》，更致力於台灣認同的消解與重構，可說是他撰寫政治性小說的總結。

從他的創作軌跡來看，鄭清文並非是一個埋首於自身文學世界的書房作家，他在每一個創作階段致力劃圈，從桃園台地、舊鎮到台北都會，每劃的一個圈，都是他沉澱後，以文學創作與台灣當下社會的對話成果。

他的文學世界並不純然是安靜優雅的田園式牧歌，他的大水河，就是我們的淡水河，從優雅可親到污染泥濘。

他是思考型的創作者，寫下呈現過往年代與人性的美好與良善的篇章之際，從未忘卻埋藏底下的污濁，如同優雅如詩歌、如樂曲的〈水上組曲〉裡，那不被言說的階級差異。

今日，我們只能遠望著他隨著大水河流去，流過那個不再稱之為舊鎮的新莊；流過那個他帶走的，來不及完成的，屬於一整個世代的台灣記憶。

原刊於2017年11月6日
博客來OKAPI閱讀生活誌

來自大水河
的擺渡者

◆ **李金蓮** 作家

1986年初——這已是三十餘年前的天寶遺事了，我進入時報出版公司，任職文學線編輯，我的主編是知名的小說家陳雨航。甫進公司，初接手的任務之一，就是編輯鄭清文先生的長篇小說《大火》，接手時應已發排文稿，我從校對開始。能夠編輯私心敬愛的作家作品，少女般的喜悅與忐忑，當時我一定跟新主管吐露了。我猜，因為鄭清文先生，我的新主管對我多了一分放心吧，或許心想，嗯，這個既未經過考試、只憑著一兩篇文章、兩次談話就晉用的編輯，文學的判斷力或許可以信任。《大火》之後是《滄桑舊鎮》，兩本書的因緣，我因此結識了鄭先生。

我在時報出版公司任職的時間並不長，和雨航先生共事卻一起做了件服務文學的大事。那時候，至少是我，的確對文學懷抱著信仰般純潔的忠誠。某日，雨航先生動念，何不替鄭先生申請吳三連獎，他當之無愧。這個獎項分量很重，有終身成就之意。日後雨航先生對我們共事時光的印象即是：「某個黃昏，在抽風機轟然作響的地下室，我們『文學二人組』伏案撰寫向吳三連文藝獎推薦小說家鄭清文的理由。」

那一年，鄭先生果然獲得了吳三連獎，師徒二人高高興興地前往城中，接受鄭先生的招待。記得是在沅陵街的添財日式料理店，彼時鄭先生還在華南銀行任職，那家老店是他們銀行員經常光顧的地方。

其實，跟鄭先生結識的時間還應往前提。可能是1982、83年、或再早一點，我讀了幾部鄭先生的作品，《現代英雄》、《鄭清文自選集》等，套現在的流行語，我成了他的粉絲，他的〈水上組曲〉、〈姨太太生活的一天〉、〈校園裡的椰子樹〉，令一個喜愛文學的小女生感動與著迷。我的文學養成，沒有同伴，猶如在洞穴裡摸索一線之光，小女生總會做點兒傻事，我將自己練習寫的小說寄給了鄭先生，不久接到鄭先生來電，沒有談文學，只說女兒跟我年紀相仿，請女兒跟我見面。於是我跟鄭先生鍾愛的女兒谷苑，尷尬的相見了。一個文學少女厚顏所做過的又癡又傻的事情，鄭先生和谷苑以他們的敦厚良善，包容了我的叨擾。

回到我以編輯身分與鄭先生的短暫交往，幾次餐宴中，聆聽他的言語，至今還記在腦海裡的，是他說每完成一篇作品，會先給太太閱讀，太太讀完，他就以台語問道：「怎麼樣？心頭有嗖無。」鄭先生的語言風格，和他的小說相似，十分簡單，卻直指文學的核心。文學能改變什麼呢，無非是閱讀者心頭發熱發燙的共鳴感，在那嗖一下的時刻，人性剎那的純化。

當時聽著，心頭暖暖，時光流過之後回

想，說不定這就是所謂的影響，我承接了一位成熟作家給予我的文學養分。

談論鄭先生的文學藝術，論者多稱譽他文字風格含蓄樸實，譬如王德威就曾論述，台灣小說經歷各種形式、風格的鉅變，而鄭清文「一本其誠敬溫柔的人文關懷、素樸無華的寫實筆觸，屹立文壇而不移。」（鄭清文短篇小說全集別卷：《鄭清文和他的文學》）指的是他不求變不炫技，堅持而能屹立。

鄭先生常在接受訪談時說，自己的創作風格是個性使然，他不喜歡浮華的東西，一個題材，寧願寫得「沉」一點，保守一點，點到為止，不讓它浮起來。他是台灣文壇最澈底實踐海明威「冰山理論」的寫作者，常引述海明威的說法，「冰山十分之九在水裡，只有十分之一在水上」。回想我與鄭先生有限的接觸裡，這的確是他的個性，不多言語，盡在不言中。

除了海明威，鄭先生也深受契訶夫的影響，翻譯過契訶夫的《可愛的女人》，可惜我並未讀過。契訶夫為他帶來什麼樣的影響呢？或許是對人世悲劇性的理解吧。讀他的小說，那個黑面旺仔、那個最後紳士、那個雕刻三腳馬以救贖的日治警察……最終都留給讀者沉沉的悲傷感，鄭先生非常了解悲劇讓讀者心頭有哽。然而，鄭氏小說的最終悲劇並不致人虛無頹敗，他自己說過，「我不相信一枝筆有多大的力量。我寫作，是在尋找自己，並希望能在尋找自己的過程中，逐漸純化自己。」（《最後的紳士》序）讀者在閱讀中經歷的，正是那被純化的悲劇。

〈水上組曲〉是我最鍾愛的鄭清文作品，小說中的少年船夫，在鎮日擺渡的生活中，默默心儀著一位河邊浣衣的靜美女子，他們互相看視、卻不曾說過一句話，最多以竹竿為女子勾起漂落河中的衣裳。在舊鎮大水河遭遇風颱吹襲過後，少年船夫含蓄的情愫，彷彿也經歷了一場內在的風狂雨暴，整部小說在無言語中，如牧歌般流動著一股詩意。識者都知道小說裡的舊鎮與大水河，是鄭先生終其一生書寫的文學原鄉，〈水上組曲〉必然將成為台灣文學的經典，而擺渡的意象，何嘗不是鄭先生勤勉寫作的投射。

鄭先生過世後，我搬出書架上鄭先生的作品，一本本翻開，發現每本的目錄頁都留下打勾的筆跡，當年閱讀時，我把特別喜歡的篇章加了註記。認真閱讀，永遠是讀者回報辛勤耕耘的作者，最好的方式。

紀念的時刻，其實，我並沒有資格書寫鄭先生，無論是論交或研究，都大有人在。我是他的讀者，是受過他照顧的晚輩。送別讓人難受，稍感安慰的是，鄭先生作品經得起反覆閱讀。我們讀他的小說，心頭哽一下，世界並未改變，時間依然無情，但我們的心靈熱燙燙地躍動，那是生存的勇氣，勇氣來自文學，來自寫作的人。

原刊於2017年12月《文訊》386期

殘年哭知己

◆ **李喬** 作家

1981年12月27日，攝於「鄭清文作品討論會」。前排左起：鄭烱明、佚名、葉石濤、鄭清文、佚名、陳之揚，後排左起：應鳳凰、李喬、鄭泰安、呂自揚。（文學台灣基金會提供）

　　11月初聽聞阿文哥腰骨閃（sak）著，立即以電話「教」一頓。兩天後阿文么女來電：他走了。我承受不起——五十多年前家母往生。這是唯一同等的傷痛。沒道理，阿文算是高壽了，可是我⋯⋯我自己都驚訝自己的反應。

　　阿文長我兩歲，是我一生受教受惠最多的「先生」。這種交遊的經驗，成為我文學演

2010年合影於台北蕭白家，左起：鄭清文、蕭白、李喬。（陳文發攝影）

講的「子題」：寂寞文學前程上，得到益友是成長的最大因素。五十多年來，他一直是我的「活辭典」，人生的，文學的，還有難以言宣的生命助力。在他是自自然然的「釋放」，我受益無窮。

「據說」我們性格南轅北轍，我們會為某些觀點爭辯得臉紅脖粗，可是毫不損深沉友誼。阿文在公共場所幾乎不曾與人爭辯，可是私下「我們倆」常有「口角」，可是這與知心知己無損。日本文學朋友岡崎教授曾為文記述這「怪異好友」……

鄭清文是戰後第二代小說家的第一人，他的小說，語言文字看來清淺，形容詞、副詞幾乎全省，可是，文壇公認：鄭清文小說難懂。我曾指述他的文字是：浮面平靜的「漩渦型文字」。他是人世的旁觀見證人，指述人間悲劇的底層內景。形容他是：海邊斜坡上一棵「大王椰子」，風雨中時有落葉，而軀幹不斷壯大茁壯而頂天。而今回觀他一生的創作業績，包括創作「台灣底兒童」在內。台灣的文學史會明確指證這一點。

除創作、翻譯之外，提出「生活，藝術，思想」三要的「文學論」是其「一家之言」。他是台灣文學界「人格文格合一」的代表。也可以稱之一種象徵。台灣，台灣文學界「擁有」鄭清文、鄭清文文學，是我們的福分。

而今是高壽「隱入大地」，應該祇有懷念與祝福。可是個人我難捨，受不了，我……

阿文哥：安息吧……

2017.11.5晚於玉泉居燈下

原刊於2017年12月《文訊》386期

再也沒人跟我搶《朝日新聞》

◆ 李進益　東華大學華文系教授

2015年12月19日，台灣文學開講系列活動邀請鄭清文（右）與李進益主講鄭清文的小說。（文訊文藝資料中心）

「作家鄭清文逝世，享壽85歲。」當我看到手機介面的消息，一時愣住，心想怎麼會呢？之前見到時，老師還很健朗。

我的住處離他家雖然僅隔兩三條街，不過我從來就不敢登門造次，有事就以電話聯繫，深怕影響了他的寫作。前天周五傍晚，在永康商圈散步，人潮不多，細雨游絲，夾雜幾陣風片，霜降節氣都快結束的晚秋，竟有幾許濃郁暮春況味，心無雜念，隨興走看街景。

從「参柒象」咖啡館巷子走到底，右拐，經過築地日本料理店，老師家就在附近。當時還在想，他一定坐在那張將成歷史文物的木桌前，不是構思，便是書寫小說。

多年來，除了在餐廳與咖啡館聊天外，總會在大安森林公園、金華小公園一帶碰到老師，意外的不期而遇總是令人欣喜的，不過，通常只是幾句問候居多。有次，我則興奮地說，又在報章讀到老師的小說，他也只是雲淡風輕帶過，沒有大發言談，他從來就不是會對作品多加說明的。另一個初夏午後，芒果冰冰館排隊人龍很長，剛好看到老師從信義路方向走過來，便快步趨前打招呼。我們站在街角聊天時，我看到他手上拿著一份衛星版《朝日新聞》，心想這下好了，今天又別想看了。信義路那家大型連鎖書店通常只放一份報紙而已。多次買不到時，我曾納悶會是誰買走？會不會是老師？2015年12月文訊雜誌社承辦「台灣文學開講」活動，很榮幸有機會跟老師同台，我便在對談中，開玩笑地說：「我猜老師一定常去買《朝日新聞》，不然的話，為什麼我都

撲空。」他也笑著回說：「原來是被你買走。」今天去，一定可以買得到，已經沒人會跟我搶，一想至此，反而覺得一陣落寞。

回想認識老師是在2001年5月，當時我正在講授台灣文學，上到〈三腳馬〉時，有位研究生說：「可不可以邀請鄭老師來演講？我去參加文藝營，聽過老師的講座，覺得很棒。」我心想老師名氣那麼大，會願意來嗎？沒想到打了電話，說明緣由，他馬上就答應。十幾年的歲月過去了，他當天穿一件襯衫，沒打領帶，淺色西裝褲，笑容滿面，平易近人的神貌，至今仍然深深地印在腦海裡。

2004年3月，我把研究老師小說的專書完成，不揣淺陋與誤讀的可能，貿然打給他，希望面呈並祈請斧正。他欣然答應，並約在麗水街巷弄，一家門口養一隻貓的法式料理店見面。我藉機請教了一些問題，席間他沒有多做說明，隨後不到十天，意外收到他題贈《樹梅集》短篇小說，而答案就在裡面。同年六月，令人喜出望外，又接到《多情與嚴法》評論集。我不但受寵若驚，而且也比一般人更早知道作家近況，隨後幾年，我便藉著研討會，再度邀請他演講，可以隨時電話請教，而且又有一手資料的情況下，寫了幾篇鄭清文小說研究論文。

在幾次碰面，或研討會，或文藝獎場合，跟老師愉快聊天後，對他有了更多的認識。其中，令我印象深刻的是，2011年的春天，在「回留」茶館附近又巧遇老師，由於已經較為熟悉，便多問了幾句。我說最近一系列以「石世文」為主角的作品，好像跟2000年以前的作品有點不一樣，多了一些228、白

2006年12月15日，鄭清文（左）與李進益合影於東華大學。（李進益提供）

色恐怖、國民黨專政的情節。他說：「也有寫日本時代的殖民經驗，如〈大和撫子〉，另外，江國慶冤案，我也會在作品中處理。」他說希望寫成十多萬字的長篇小說，反映台灣百年歷史。

2011年7月3日去苗栗拜訪李喬老師，談話中，他說：「鄭清文這傢伙真厲害，八十歲了，還在寫一部二十多萬字的長篇小說。」我說：「是不是以『石世文』作為主角的？」他說：「對。」我說：「這應是有自傳色彩，因為『世文』的日語發音就是『清文』。」他說：「對。」從目前老師已發表的〈新婚夜〉、〈山腳村〉、〈椅子〉、〈大和撫子〉、〈今日拜幾〉、〈學生畫家〉、〈公園即景三則〉等作品，我猜應該就是屬於那部未完成「遺作」的部分篇章，且全書或許近似老師在2003年刊行長篇小說《舊金山——一九七二》的結構。《舊金山

43

——一九七二》全書共有十章，十個章節單獨成篇，每章自成一則故事，彼此環環相扣，串連起來則首尾呼應。當年老師也是以單篇先在《新地》等刊物發表，最後集篇成冊付梓。

老師從1958年發表〈寂寞的心〉，至今正好一甲子，他全心全靈奉獻給台灣文學園地，千萬言建構的文字世界，具有獨特的草根氣味，全都只因根植台灣的緣故。台灣，是他一生鍾愛的故土，也是他文學創作的源泉與指歸；台灣，既哺育了他，他也以一生回饋，至死方休。

老師在小說創作的成果，已為世人所肯定。他的文字風格，力求簡潔樸直，筆法出入海明威與福克納，作品內容以反映台灣現實社會、歷史與日常庶民生活為主。他的作品題材罕見怪力亂神，也沒有刻意宣揚意識形態。由於他極力追求藝術的極致，所以文字儘管極簡，卻能蘊涵深厚的哲理。他不斷挖掘人性的幽微與底蘊，在虛實交錯的情節裡，表達人性的光輝，揭示生命存在的意義。從他的作品，我們可以真真實實地感受到作家冷眼熱腸、悲天憫人的情懷。

驚聞老師驟逝的噩耗，一夜過後，內心仍有著難以排遣的悲傷與不捨。黃昏時分，獨坐書房，全然無法靜下心來。順手取下蕭邦《第二號鋼琴奏鳴曲》（通稱《送葬進行曲》），CD滑入第三樂章時，哀傷淒切的慢板，彷彿送葬行列緩慢移步，哀喪鐘聲低迴縈繞，「生命裡留了許多罅隙，從中送來了死亡憂鬱的音樂。」（泰戈爾《飛鳥集》）我連聽兩次，窗外夜風急襲，深秋夜裡，回憶往事，歷歷在目。從今而後，懷念之情，恐怕終難止抑。

原刊於2017年12月《文訊》386期

2012年3月31日，《台灣現當代作家研究資料彙編》第二階段新書發表會於紀州庵新館舉行，與會來賓合影。鄭清文（第一排左四）為此階段傳主之一，應邀出席。（文訊文藝資料中心）

小說的餘地：閱讀鄭清文

◆ 言叔夏　作家
　　　　　　東海大學中文系助理教授

已經許多年不讀鄭清文了。就像許多年以前第一次讀他的短篇，在一堂文學史課綱裡的最角落，鄉土文學與現代主義等種種詮釋框架的夾縫裡，鄭清文的小說顯得如此曖昧，游移，或許對於生產論述的學界而言，還顯得有那麼一點「太不方便」。他的小說觸及種種硬派的命題，諸如政治國族資本主義──理應可以被處理、修剪得「符合想像」；然而，在〈三腳馬〉、〈寄草〉、〈龐大的影子〉等篇章中，讀者卻常可以感受到一種無可奈何的滑移，將批判的目光從外界收束回來，形成一種矛盾的扞格。小說的世界約莫並不等同於一種政治的世界，如同小說家自己引述的契訶夫的話：「作家不做判官，只做證人。」於是小說的寫作，遂皆成為證言之一種，指證那些感知之下歷歷在目的直覺。而這些種種游移、不確定的曖昧，或許也能將他的小說語言搖晃、推移至一種現代主義式的詩化修辭罷。但終身信奉海明威「冰山十分之九在水裡，只有十分之一在水上」的鄭清文，卻終究也沒有踩踏上這樣一條詰屈聱牙、曲折文字與心腸的道途。這常讓我想到他的現實身分與寫作當下的情境，包括他從事了多年政府機關的公務員工作──那樣一個彷彿卡夫卡筆下勾勒出的男人，在現實裡拿起筆來，在體制的夾層裡寫起小說，其中自有一種寡言的冷與悲哀。

類似的命題，在〈龐大的影子〉這樣一類的小說裡，最可以見。這篇以董事長祕書「白玉珊」角色做為敘事者的故事，細膩地勾勒出職場中人深受權力與金錢控制下的異化和變形。一心寄望依靠婚姻關係往上攀爬的許濟民，對白玉珊有所求的董事長……其中不乏刻板的角色印象與輪廓，甚至不避通俗（類似的傾向在他處理〈三腳馬〉等題材時，也曾曝現），但鄭清文以其平淡無奇之筆娓娓道來，並不煽情，小說因此還反過來將了現實一軍──我們所以為的刻板故事，正是如此平庸地存在於平庸的現實之中，這或許是長年隱身於常民社會中、和文學與現實始終保持著一定距離的鄭清文，一種凝鍊自冰山底下那巨大暗黑塊狀物質的、沉默且安靜的批判。這樣的批判自有其腳下的保留。這或許是他承繼自舊俄小說的那種教誨：世界餽贈給小說的，鄭清文以其小說世界裡保留的一塊餘地，送還給世界。

原刊於2018年1月9日《自由時報·自由副刊》

台灣童心
我記憶中的鄭清文先生

◆ 徐錦成　高雄應用科技大學
文化事業發展系副教授

　　鄭清文先生驟逝的午後，我的心沉重得無法自主，久久才甦醒過來，想起一些跟他交往的回憶。

　　由於我的博士論文以鄭清文童話為例，有些人以為我跟鄭先生很熟，包括我自己在內，也一直誤以為跟他很熟。如今回想起來，才發現實際跟他交往的時間並不多。

　　2003年，九歌出版社聘我創立「年度童話選」，恰巧鄭先生在那一年發表《採桃記》，那是一部由短篇連作綴成的長篇童話。其中的〈臭青龜子〉發表於《自由時報》副刊，先入選《九十二年童話選》，再確定鄭先生獲選為首屆年度童話獎得主。2004年2月29日，九歌在台北市中山堂堡壘廳舉辦三本年度選（散文、小說、童話）的新書發表會，該屆的年度散文獎頒給龍應台，年度小說獎頒給朱天文，再加上鄭先生，都是殿堂級作家，新書發表會顯得星光熠熠，也替初試啼聲的年度童話選奠定堅實基礎。

　　我是在那次新書發表會上，才第一次跟鄭先生說話。當時他很謙虛向我道謝，我回答他：「應該的，大家都很尊敬您！」我說的「大家」，當然包括我在內，我很清楚他在文壇的地位，我其實該向他承認：「您肯受頒年度童話獎，是年度童話選的光榮，謝謝您！」只是這句話我沒說出口。

　　我當時在讀博士班，對於博士論文題目舉棋不定，因緣際會連編了最早三年的九歌年度童話選，給我許多靈感，最後索性把這個經驗當作博士論文的基礎，寫成《鄭清文童話現象研究——台灣文學史的思考》。我並非以研究鄭清文童話為目的，而是希望透過討論鄭先生的童話，反思台灣文學主流研究者對於台灣童話的忽視與誤解。

　　撰寫博士論文的過程中，我從未跟鄭先生討論過，他也不知道我正在研究他的作品。甚至2006年5月28日我在嘉義中正大學「鄭清文國際學術研討會」上發表論文〈重探鄭清文童話的爭議——以「幻想性」、「兒童

2004年2月29日，徐錦成主編、九歌出版的《九十二年童話選》，將首屆年度童話獎頒給鄭清文（左），右為頒獎人柏楊。（九歌出版社提供）

性」為討論中心〉，鄭先生當然在場，我也沒告訴他：這篇論文是我日後博士論文裡的一部分。我必須承認，我是有學術潔癖的，我怕我所研究的對象會對我提出任何研究意見，干擾我的獨立思考。

但我應該是多慮了！博士論文完成後，我寄給鄭先生一份，很快接到他的來電，都是鼓勵的話語，沒有改正的意見。我自知博士論文寫得不夠好，卻仍覺得有些許可供學界參考之處，不久後便將論文出版，鄭先生向我索書十冊，說要送給朋友，我覺得這也是對我的肯定。

事實上我對鄭先生的童話並非毫無意見，我認為他的童話幻想性不足，也缺乏幽默感，他第一部童話集《燕心果》裡有些篇章不像童話，或不能算童話。但無可否認，鄭先生童話裡的台灣風情，在台灣童話界獨樹一幟。光是這點，就足以令他不朽。

為九歌編完三年的年度童話選之後，九歌又邀我客座主編「童話列車」書系，為台灣童話家編選集。童話列車的編選門檻很高，必須從作家現有作品中精選出四萬字，符合條件的作家並不多。我當然想到鄭先生，希望童話列車中有一卷《鄭清文童話》，於是打電話與他商量。當時鄭先生的三部童話（《燕心果》、《天燈‧母親》、《採桃記》）全由玉山社出版，他認為這件事要跟玉山社接洽，我思考過後，覺得要獲得玉山社授權應不可能。玉山社認真經營鄭先生的作品，三本童話編得十分精美，若要替鄭先生出版童話選集，由玉山社自己來編最好。因此我沒跟玉山社談。後來我跟鄭先生解釋這件事，沒想到他竟脫口而出：「我寫一本新的給你！」

鄭先生說這句話的豪情，至今令我感動！但我沒把它當真，我認為他肯這樣說，是對我這後生晚輩的支持與愛護。之後幾年，我從沒拿這句話對他施壓、向他催稿。我寧願順其自然，他若寫了新童話，肯交給我處理，我一定欣然接受。而今他已仙逝，我竟

2009年5月4日，鄭清文應徐錦成之邀到高雄應用科技大學文創系演講。（陳慧津提供）

2012年9月，鄭清文80歲生日，舉行《青椒苗》新書發表會。左起：李魁賢、鄭谷苑、鄭清文。（鄭谷苑提供）

不知自己是否「失職」了？如果我曾積極索稿，他是否會因此多寫出一部童話？如今這項承諾已無兌現可能，缺憾只有還諸天地了。

我畢業後到高雄應用科技大學文創系任教，開設兒童文學、小說創作等課程。我邀請鄭先生到系上演講，鄭先生當然熱情相挺，撥冗南下講課。2009年5月4日，演講完後，我載鄭先生到左營，想帶他去看蓮池潭畔的「高雄文學步道」。車子開到勝利路，鄭先生看到路標，忽然說了一個地址，要我找找某一號，他說：葉石濤先生就住在這裡。我訝異於鄭先生的記性，他則解釋，他跟葉老通信多年，信封寫了幾百次，當然能背地址。

當時葉老已經過世。車子開到葉老故居時，上捲的鐵門讓人感覺有人在，於是我停好車，陪鄭先生走進去看，果然，葉師母在家。兩位老人家欣喜相見，葉師母恰巧買了西瓜，現切給我們吃。他們的話題不外就是葉老的生前回憶，我靜靜在旁聆聽。

聊了一陣子後，告別葉師母，我繼續載鄭先生去看「高雄文學步道」，這是由15座文學碑連成的步道，紀錄15位高雄在地作家，靠近孔廟的第一座碑就是葉老。鄭先生看了，說：「作家哪還需要有墓碑？有文學碑就夠了。」

以鄭先生的文學成就，將來必定不只一座文學碑紀念他。最初我研究他的童話純屬機緣巧合，並非確認喜歡才研究，但跟他結識後，我開始慶幸自己研究他的作品。鄭先生是我心目中的台灣紳士，雖然跟他相處的機會不多，但回憶起交往的種種情景，都是甜蜜而溫暖的。但願這篇短文能表達我對他的感謝與敬意。

原刊於2017年12月《文訊》386期

難居人世的清淨靈台

追悼鄭清文先生

◆ 張文薰　台灣大學台文所副教授

鄭清文先生是戰後第一代台灣文學家，作品很早就有外文翻譯，可能因為他的小說〈三腳馬〉以跛腳工匠、跛腳馬的精巧譬喻，寫出跨越日本殖民時代台灣人的複雜與心酸，「跛腳」的形象在他含蓄的筆致下，放射出的力量不輸給淒厲吶喊的直接控訴，因此獲得了海外研究者的青睞。

說來慚愧，我第一次讀鄭清文先生的作品，正是透過日文。當時東京大學圖書館裡的台灣文學書籍少之又少，卻有一本《台灣小說集》收錄了鄭先生的短篇。我的專業領域是日本殖民時代的日文小說，成長過程自己閱讀的作品多偏向於古典詩詞、都市小說，竟然必須到了異國的圖書館中，才以日文讀到台灣頂尖出色的文學作品。

鄭清文先生是戰後第一代台灣文學家，國家文藝獎得主，11月4日與世長辭，享壽85歲。

鄭清文先生的小說其實不容易歸類分析，他與鍾肇政、李喬同輩，但小說的主要場景是「舊鎮」──像是鄭先生故鄉「新莊」倒影的市鎮，裡頭有廟口、有商販、有祭典，卻不是單純寫鄉間、農民的鄉土文學。鄭先生也寫就讀北一女中的少女、政治受難者家屬，但不是在批判都市裡的疏遠親情，或是為歷史悲劇催淚。他讓「新公園」成為失去愛子的老夫婦牽手散步的所在，讓相思樹影、玉蘭花香環抱著被政治現實、人世無常所撕裂的心靈。正因為歷史創痛如此巨大深刻，鄭清文先生選擇不去描摹刻畫傷口的外緣形狀，而是以徐緩的節奏、錯開的時間、精密的形象與象徵，用最簡潔的造句行文，在過去的爪痕上撒下淡金色的網，籠罩著傷口不致渙散、也不再蔓延。鄭清文先生讓飽受歷史幽靈纏繞的台灣人，得到在遺憾中迎向平靜、寬和的盼望，創痛不需一一重揭袒露，也能在個體的生命中化為永恆而豐饒的力量。

在悲劇處見詩意，這本來是日本文豪的看家本事。但或許是他筆下的情感舉重若輕，使鄭清文先生的知名度遠不及其成就於萬一。

鄭清文與鍾肇政先生一樣，因為在日治時代出生，早年翻譯了許多日本文學名作，夏目漱石作品中比較少為人所知的《草枕》，最好的中文版本就是鄭清文先生所執筆。《草枕》是小說也是藝術論，如果本身不是創作者，很難翻譯到位。這本書絕版多年，我曾向鄭清文先生詢問重出的可能性，與先生訂下一同修訂重譯之約，卻因為不知原版權歸屬，遲遲無法著手。

秋風乍起的暮色中，傳來鄭清文先生過世的消息，惦及那些還沒有實現的出版與訪談計畫，還沒有完整地討論的文學價值，這樣的遺憾，一時之間也難還諸天地了。

原刊於2017年11月6日
《自由時報》自由評論網

鄭清文與小情歌

◆ 張亦絢　作家

〈又是中秋〉的結尾，喪妻的阿生，決定帶女兒離開家鄉與母親，他在心裡道：「我倒希望看不到月亮，反正已在黑暗裡走慣了路。」阿生「不想見月」，除了夫妻倆私訂終身月下歡好，就在妻子阿巧喜歡的中秋，還有許多意思。月亮聯結傳統與習俗，然而，就是古老的迷信，害死了阿巧。這在前頭也有伏筆，阿生聽阿巧提中秋，反應直接：「我從來就沒有節日。」這也是一語多關，他忙於捕魚、他不受拘束。阿生不為迷信所動，除了知識上的原因，坦蕩與自我的性情，也得估計進去。

〈又是中秋〉不只揭發愚昧虐人與斷掌歧視。它最厲害的，是先寫了迴腸盪氣的戀情。小說開始，阿生想讓阿巧看到他多行，與女眾對賭，要游過險河。只有阿巧獨排眾議，阻止他。這裡在阿巧身上發生了三件事，一是，愛人絕不是愛看熱鬧的人，阿巧惜阿生的命，勝於一切；二是，有時反抗愛人也有重要性——從後來兩人的對話知道，阿巧過去聽阿生的，保密阿生受傷之事，

延誤了治療，使得阿生腳有小疾，她因此學到，不可盡聽阿生的話；三是，愛是馬上有所作為，阿生不聽她話，她趕緊去尋阿生母親，只為預防阿生遇險。阿巧因此沒見到阿生風光勝賭，阿生發了大脾氣，阿巧都忍著。這裡怒不是真怒，忍也非真忍——寫情竇初開，可說細膩得一塌糊塗。不會一直鬥氣下去——行為是粗俗的，好在心理卻精緻，阿生認得了自己的心，混帳小情人就長成了大人。

在發現阿巧斷掌前，阿生母親多喜歡阿巧！她說，阿巧若不來見她，想用拐杖敲阿巧的頭。這是脫了形跡的心花怒放。夫妻兩人都曾為了救對方的命飛跑過，阿巧跑得快，扯阿生後腿的，是他的殘腳，那卻是兩人愛的遺留。不少人常說，我們對愛情的描寫，多半不如西方——依我之見，至少鄭清文，是這說法的反證。

不一定是斷掌，人類社會總有各種形式的錯信。阿生在最後，成為一個，可以說是心平氣和的人。痛苦沒有使他變得更自我中心，愛人者的悲傷永保分寸。小情小愛一樣要有大智大勇——因為這就是我們不可逃避的生活。就在這個意義上，我覺得，鄭清文始終守護在你我身旁。

原刊於2018年1月8日《自由時報‧自由副刊》

懷思
鄭清文先生

◆ **許文華** 前華南銀行專門委員

一

11月25日下午一點，我帶著深黑太陽眼鏡與悲泣的心情，出席老友鄭清文先生的告別式。人老了變小孩，傷心到不得不哭。他的驟死真是晴天的霹靂。之前我已約好11月6日中午在中山北路欣葉照例聚餐，他滿口答應。無常使最短的將來也難計算了。他就這樣不出現了。我走進第一殯儀館景行廳，一見他的笑容相片就流淚了。我相信這位戰後從屈辱找回台灣文學自信與尊嚴的鬥士如能多活幾年，一定會產出更多出色的小說。偌大的景行廳不到一點半就擠滿了人，我的好多朋友是看電視報導來送敬愛的人最後一程。廳內的布置，放大的相片音容宛在，香花供養，氣和風靜，兩邊牆壁上掛著他童年成長的新莊街景，頗有創意，哀中有願令人感動，欣佩他女兒們的用心。

他比我小兩歲。我1954年台大商學系畢業，他晚我四年，1958年畢業，所以他叫我「笨瓜桑」，或「先輩」（兩種都以日語發音）。我大學時代一直想做電影導演，所以為了劇本、美術、音樂配樂、攝影、剪接、背景、效果、服裝等等都要研究，常常到書店買書看書，看不懂也亂買。當時我還是比較習慣看日本版的書吸收知識。專售日本書籍的店不多，在廣洋書店、鴻儒堂、永漢書店、紀伊國屋、淳久堂等店內，不期而遇見清文兄。每次遇見他大笑我舊病復發，從來沒有空手離開書店。他也欣佩我的夢想太大太深。在過世的作家賴和先生也遭政治迫害，由忠烈祠拉出來的年代，看書、寫書都要謹慎，但他老兄面不改色的看俄羅斯作家的作品，有時小聲警告，小心念的書。我們變成最好的書店找書朋友。當時也常遇見陳逢源先生、曹永和先生的弟弟曹永裕先生、黃天橫先生、羅光華先生與第一代台灣文學家，他們好像對台灣文學很有興趣，但也不敢說出。我是很感興趣但沒有時間看。我買的一堆書都在70歲正式退休，白內障手術完畢後，才認真讀破一本又一本。我不知道他買的書有沒有都過目。

有一天他說他的名字是不是很粗俗，是否來個筆名。我回答你在笑我嗎？我們倆都同意做人做事比較重要，不要管名字符號了。後來告訴他我的名字被送報的改了，文亂寫變成「大」，華也亂寫變「軍」，所以名字變「大軍」了。他大笑說應該給他一個創作獎。但他也從來不叫我「大軍」，倒是我現在因為裝勇健常用它。

他在華南銀行任職四十多年，利用下班後不斷地從事寫作，1998年退休。我在1980年滿25年便辭職去就任中南租賃公司總經理，做生意人去了，但是一直沒有間斷過好友關係。雖然見面機會少了，相見亦無事，不來常思君。

二

我們在華銀曾有兩段時間在同一單位。1964年我被調派到研究室經濟調查科任副科

1972年，鄭清文被華南銀行派至美國舊金山加州銀行研習半年，於舊金山金門大橋留影。（鄭谷苑提供）

長。彰化銀行的好友鄭世璠畫伯來電恭禧，並嘲笑我因為愛好菸酒所以被派到菸酒室了；我說完全不沾酒、不抽菸的鄭清文也調來了。我們辦公時間很少講話，默默地煮文字，遠離算盤的生活一直到1967年初。報到頭一天被副主任蕭秀淮先生召見，問我會不會下黑白棋。我說我只會象棋，他就不理我了。我再度進辦公室報告鄭清文會下文棋，這樣害了他下班後多了一項下棋的工作。但清文兄非常感謝我推薦這項頭腦體操給他。當時研究室只有二十幾人，仔細觀察好像每個人的來路都不清楚，只有我與鄭清文是優秀的台胞似的。蕭副主任對我們倆都很好，考績都是甲上。清文兄的報到是興高采烈的事。我常常被總經理叫去辦公室，那時我的主要工作是替他寫演講稿，他說明主題、聽眾、場所、演講時間（30分鐘或一小時），然後嚴肅地吩咐交卷時間。有時限一天內完稿，害我整夜都無法入眠。有一天我提起勇氣說我實在不勝任，有一位比我強很多的同事，我建議讓鄭清文先生來做我的工作。他怒斥說鄭清文是文學家，台灣的文學家，不要鬧他。當時我覺得高總經理真會看人，不過他根本不知道我們倆都不喜歡做銀行員。

1967年3月，我從美國商業銀行實習返台不久，莫名其妙地調任總行專員辦公室，座位在哪兒都沒通知，我向研究室同仁包括清文兄說再見。過了三天總經理召見，命令我籌備國外部。要什麼人他說會全面配合。我發覺原因好像在於我曾經寫了一篇刺激的文章給中央銀行外匯局。文章說三商銀是台灣次等銀行，為何外商與華僑銀行能辦外匯業務，三商銀就不能，大力抨擊政策及對鄉土金融業的歧視與殖民化，做一番不平凡的言論。我頭一個想到拉來的人就是鄭清文。人

家以為他的中文功力很好,其實他的英文比我更好。他念書很用心,在職期間從無錯誤。當時國外部由總經理兼任,因為我才36歲,太年輕了,不能擔任經理。一開始最頭痛的工作是跟地球上各角落建立通匯關係。清文兄頭腦超好,一起訪問台灣銀行、中國銀行、勸業銀行,著手密碼簿怎樣做,不久順利地瞭解製作方法了。我們倆一直是好搭檔,他沒有什麼脾氣,但做主人不做奴才的樣子是跟我相同的。他可能喜歡調皮頑固但正直又博學的人,我算OK的吧。六年間跟他一起工作是很愉快的回憶。1973年我被調派到台北中山北路分行當經理。1976年突然又有新的工作,調回總行,這次先創作業改進科,然後改自動化作業室籌備處,然後就變成資訊室了。我搞電腦做到籌備處主任,但組織規程不能改,電腦作業不能獨立,預算太少等等,都要看省政府的鼻息,我宣布不幹了。後來鄭清文兄做了資訊室的第一任主任,消息傳來我馬上去賀電恭禧,但也覺得害了他。1980年11月,我離開了華銀,數自己的鈔票。清文兄在華銀期間,默默地、靜靜地、低調地發表他的短、長篇小說,好像也沒有人讚揚他,只有我勸他再怎樣有名,在這個動亂的時代要養家生活,絕對不能辭職做專業的小說家。他每次聽我這樣講都一笑置之,但似有聽我的建言,只默默地做他喜歡做的事情。

三

他每次出書不一定送我一本,他知道我認為可看性高一定會去買。他送我的書都以正楷在封面第二頁寫指教。他不但小說、童話寫得好,評論集也值得細讀。他有一本玉山社出版的《多情與嚴法》,我看了兩遍,實

2007年12月29日,第九屆國家文藝獎得主的傳記新書發表會,左起:鄭谷苑、鄭清文、李魁賢、錢南章夫婦。(鄭谷苑提供)

在很博。

他在2006年鄭清文國際學術研討會曾送邀請函給我,但很遺憾剛好我內人去世不到三個月,我留鬍子哀悼,暫時哀傷不出門,因此婉拒出席。後來見到他,他說你沒有來我好自在,我說可能是怕我拍手很大聲,提怪問。他又說空前絕後一次就好了,聽說會議非常精采。

在他寫作生涯中所獲得最大的獎項,可能是1999年的桐山環太平洋書卷獎,我得知後馬上去電祝賀。他說一定請客,後來他說拿了一個大碗公獎,還是低調一點不請了。不過他非常感謝英譯者——我忘記名字了——他說一輩子都要謝謝她。會感恩的人不一樣。但我認為台灣人首次獲得這項競爭者眾多的重要國際文學獎,值得特書,是不能被遺忘的喜事。

談到交遊圈,我與他完全不一樣。他一直在藝文界活躍,也很熱心公益,溫煦的身

影，敬天愛人，有人說他是古意人，但談及轉型正義時，他有時也是一位能幹的鬥士。我的交遊圈因為做生意，三教九流都有，奇怪我們倆踫到了，不談文學，不談生意，不說人壞話，只談有興趣的話題，如氣候變動、水的爭奪戰、糧食與飢餓、能源與自然災害等人類與地球的大問題。有時大談科技，日本能借人工智慧復活企業嗎？飛機飛的時候會碰到揚力、推力、重力、抗力等物理現象。他話匣子打開東西真多，有時他也是超好的傾聽者，有一天我說料理也好，建築也好，最重要的有三樣，第一工具，第二材料，第三技術。我說做菜，菜刀占三分之一的重要性。我很喜歡他同意時表現的調皮模樣。我胡說時他只是注視著我，也不會打斷。他對醫生與近代醫療進步有信心，有一天我說命是上帝決定，醫生只拿錢的，他哈哈大笑，請我好好研究預防與治療新知識。其他如生化、養殖業等，什麼話題講開頭我都會反應一下，他也好奇，求知心強，難怪

大家都喜歡與他相處。有一天他忽然談河合隼雄——日本心理學者，講到「孩子與幻想系列」。我沒有聽進去，裝聽懂被他識破後停住了，以後就沒有再講心理了。反正我與他的對話達到內容怪怪、不知道時，就會自然停止。這樣過了二十多年的飯局，我恐怕找不到這樣的會話高手了。

執筆此文，心中不斷回憶往事，我何其有幸做過他的親友達半世紀，衷心表達我最深的哀悼。最後引述也許很多人不知道鄭清文先生的名字出現在日本最大本的辭典裡的事如下——

日本岩波書店出版，《廣辭苑》第六版，全部3049頁中的第1906頁：鄭清文（Zheng Quing wen），台灣的作家，描寫農村與都市的各色各樣的人生，作「三本足の馬」（一九三二－　　）。

我用鉛筆輕輕地加上二〇一七。

原刊於2018年1月《文訊》387期

2014年7月至2016年8月，鄭清文與華南銀行老同事每月一會，攝於2016年6月6日，左二為鄭清文，右三為許文華。（許文華提供）

不僅僅是台灣文學的景觀

悼念一位誠摯而純粹的作家鄭清文

◆ **許俊雅** 台灣師範大學國文系教授

追憶我與鄭先生二三事

2017年似乎是傷春悲秋的年度，才剛送走李永平、黃玉燕，11月4日傍晚又乍聞鄭清文先生辭世，走得那樣讓人措手不及。就在前一周（10月28日），我還與鄭先生參與巫永福基金會推薦評獎的書目，那天他以年歲、身體因素懇辭小說評委一職，之後，又辭基金會董事。大家都覺他近年身體還算硬朗，只有走路較往日緩慢些，其實沒什麼問題，但也不忍心繼續勞動驚擾他，因他看小說評獎作品總是特別用心。會後離去時，我說家母與他同年，他與李喬的生年我記得最清楚（因家父與李喬同年），兩位文壇長青樹雖然文風各異，卻是真性情的至交。事後憶起當天情景，卻似是冥冥中他預做了安排，怎不令人不勝唏噓？

我雖與鄭先生相識也晚，但卻很早在大學課堂講授他的作品，鼓勵同學閱讀、研究他的作品。當時印象是文壇、學界談論他的作品有限，但爾雅年度小說入選次數之多，

卻非他莫屬，其作品之優，凡是讀過的人莫不感動與讚嘆不已。1995年台師大人文教育研究中心，禮聘鄭先生為駐校作家，他來校進行了兩場講座，當時齊邦媛、張素貞老師等文壇學界師友都參與了這次盛會。此外，人文中心亦請鄭先生開設夜間小說課程，鄭先生每次上課必將講授內容寫成文字，謙虛地說：口才不好，怕忘了。我看到的卻是一種做事認真的精神。後來我參與了國立編譯館國中國文課本的編纂，是編譯館第一次（也是最後一次）規畫了「選修」課本，當時我選了鄭先生小說〈紙青蛙〉，但我後來非常苦惱，不知如何向鄭先生開口，要他修改小說部分文字，因為我接觸過的作家，都相當堅持不能隨意更動作品的文字。我著實沒有勇氣提出這不尊重作家的無理要求。拖到最後，時程緊迫了，才小心翼翼、低聲說道：〈紙青蛙〉描述阿地以稻稈插進青蛙肛門，將青蛙肚子吹脹成大氣球，白白的肚子翻上，躺在那裡無力地踢動著腳掙扎著，有的已快死掉了，這些血腥情節可否加以改寫？以防止學生模仿。因前一年剛發生人神共憤，震驚社會的事件，五歲女童慘遭惡徒用竹竿戳入下體凌虐，小腸和子宮被拖出體外壞死的案情。不久鄭先生寄來文稿，改作：「阿地伸手捉起三、四隻，說要捉去滾薑絲。他說不要，阿地不聽，還說些青蛙湯清血，要拉他一起去吃。阿火姆聽到消息，很生氣，跑到阿地家問罪。」我們當然都明白原文才合乎頑童的舉動，改作青蛙湯清血，已是成人的心思，而且妨害了小說中主角所以懼怕青蛙的來龍去脈，這關鍵處無法省略，在無法直接刪除，又無法不顧到我的請求，作家委屈了自己創作的原意。雖然貌

1997年11月2日，鄭清文（中）應邀出席「福爾摩莎的桂冠──巫永福文學會議」，與許俊雅（左）、趙天儀（右）合影。（鄭谷苑提供）

似小事一樁，但我深深體會到作家溫和善良的一顆心，二十餘年來，我所認知的鄭清文就是這麼誠摯、純粹，淡而有味的作家。此外，我還記得編寫〈紙青蛙〉的生難字詞時，非常不容易覓得，勉強選了因讀音關係的「解剖」等等，這也體現了他的小說用語簡單卻意涵豐富，如果以為沒有生難字詞就輕易滑過的話，很多細微處就會疏忽。

不久，陳玉玲與我規畫合編《台灣文學讀本》，初步選定相關篇目，後因我忙碌不堪，遂由玉玲獨力完成，她選了鄭清文的〈我要再回來唱歌〉，小說中的阿媽年輕時喜歡唱歌，卻受到舊時代社會觀念的限制，只能無奈地壓抑自己的歌唱才華。但丈夫了解她，夫妻倆常偷偷躲在棉被裡唱歌。丈夫去世後，阿媽逐漸失去了唱歌的興趣，直到老年，才在一個偶然的機會下重新唱起歌，也因此重溫了與丈夫相知相惜的美好回憶，積極面對未來，展現了女性強韌的生命力。後來高中國文課本選了這篇小說，鄭先生也常受邀去校園分享他的寫作經驗，中學生都非常興奮有親炙作家的機會，他告訴學生虛構、想像的重要，以及細心觀察周遭生活的細節。到了2004年前後，我受遠流出版

公司之託，主編「台灣小說·青春讀本」，選了他那遠近馳名的《三腳馬》，他很喜歡圖文並茂、文史兼具的編輯方式，推廣給青春年少的讀者。《三腳馬》英文版（*Three-Legged Horse*）在1999年由美國哥倫比亞大學出版，旋即獲得美國舊金山大學環太平洋中心所頒的「桐山環太平洋書卷獎」（Kiriyama Pacific Rim Book Prize），是台灣獲此殊榮的第一人，自此《三腳馬》轟動一時。小說裡的曾吉祥，從一個被動受害者的角色，轉變成主動加害的角色，其後自我救贖的過程，深深觸動人心。2005年他獲得

Three-Legged Horse 於1999年由美國哥倫比亞大學出版，旋即獲得「桐山環太平洋書卷獎」，是台灣獲此殊榮的第一人。

1999年，鄭清文赴美國接受桐山獎頒獎，為英譯本簽書。（鄭谷苑提供）

國家文藝獎，記得當年11月，我與鄭先生同評北縣（今新北市）文學獎小說類，他是召集人，我曾好奇問過他：您那篇〈二十年〉小說，寫得那麼好那麼感人，為什麼沒收入《鄭清文短篇小說全集》？他回答我說：是因版權問題無法收入。因這篇小說收在三民書局出版的《校園裡的椰子樹》，三民書局買斷了，不授權。他順便提起當初是因介紹葉石濤作品給三民書局，結果三民書局要他把作品也給他們，可最後竟然葉石濤的沒被接受，他原先要幫忙葉的美意泡湯。除了〈二十年〉，還有〈鯉魚〉、〈校園裡的椰子樹〉等小說都無法收入其全集，我看他在陳述編輯經過時，心平氣和，沒有憤懣不平埋怨之容，好像在講一個跟自己無關的事，但你可以看見他對推薦的結果有著歉意、遺憾、無奈的心情。

另外有件得意的事，我們各自閱讀巫永福小說〈愛睏的春杏〉，竟同時聯想到契訶夫的〈瞌睡〉。2011年5月30日，巫永福文學創作國際學術研討會上，我的論文提到〈昏昏欲睡的春杏〉（亦譯作愛睏的春杏）受契訶夫〈渴睡〉（亦作瞌睡）的影響，5月31日座談會，鄭先生亦提及〈瞌睡〉、〈愛睏的春杏〉兩篇小說的關連，之後他寫了〈巫永福的小說〉。這說明了鄭先生文學除了經常提到的海明威冰山理論、福克納的影響，契訶夫及舊俄作家對他的啟示也是難以忽略的。他翻譯出版契訶夫短篇小說集《可愛的女人》，通過英譯本閱讀托爾斯泰《安娜·卡列妮娜》、《戰爭與和平》、杜斯妥也夫斯基《罪與罰》、《卡拉馬索夫兄弟》等，讀日譯本《俄羅斯三人集》，這多少影響到他以後的寫作生涯，《安娜·卡列妮娜》一書尤其為他所讚賞。

誠摯純粹的文壇長青樹

鄭先生自1958年在聯副發表處女作〈寂寞的心〉至今，一直持續創作不斷，在這漫長的60年裡，發表了兩三百篇小說，童話《鹿角神木》、《燕心果》、《天燈·母親》、《採桃記》、《丘蟻一族》等，文化評論《小國家大文學》、《多情與嚴法》及雜文、譯作多種。他曾說「我的文學，是屬於台灣的。我的作品，只是台灣文學大河中的一點水」，我卻認為他的作品不僅屬於台灣文學，更是屬於世界文學，他低調的處世風格，在世時所獲致的聲譽、地位遠遠不及

2010年6月，鄭清文應邀出席於多倫多約克大學舉行的「第11屆國際英文短篇小說會議」，記者會上合影。右起：張瀛太、蔡素芬、鄭清文、Maurice A. Lee、邱隆籐、李昂、鍾文音、章緣、鄭谷苑。（鄭谷苑提供）

他作品的成就，我相信往後歲月將還他真正的、崇高的文學地位，他不僅是台灣文學的國寶，也是世界文學的瑰寶。

鄭先生小時候生活在農村與城鎮之中，後因緣際會在都市工作，因此小說多以其故鄉舊鎮及現代工商社會為背景，以豐沛深邃的生命智慧觀察紛複深沉的人間百態，描繪驚心動魄的浮世悲歡，小說中諸多人物、故事，也都讓人終其一生難以忘懷。〈春雨〉中的蘇安民、阿貞，雕刻三腳馬自贖的白鼻狸曾吉祥、妻子玉蘭，〈局外人〉的秀卿母親，〈秘密〉中的妻子淑芬，〈寄草〉、〈堂嫂〉、〈髮〉、〈水上組曲〉莫不觸動生命之弦。他擅長以第一人稱「我」撩撥往昔、追懷舊人舊事，以含蓄深沉、恬淡清靜的筆致描寫時間之河裡種種人生萬象，文字簡單乾淨卻底蘊無窮，在簡潔扼要的故事情節背後，總蘊含著對於生命、人性的嚴肅思考。他也為台灣童話書寫立下里程碑，台灣的海洋山水、農村習俗、民間傳說、動植物、孩童為其元素，以童話超現實世界的奇幻形式呈現他的深情，這與他的小說偏重

寫實很不一樣。他關心兒童，多次談到在國外很有名的作家都會為本國兒童寫作，他也常說不應低估兒童的能力而將童話寫得簡單，甚至不該只局限在兒童讀者，後來〈麗花園〉、〈精靈猴〉童話故事且帶有些政治意涵。他的童話書寫與小說一樣充滿很多弦外之音，不易懂，卻有一股感動、溫暖的力量。像《燕心果》裡那已經精疲力竭的燕子媽媽為了信守對海狗的承諾，用自己的心代替果實，要小燕子們帶去給海狗哥哥。但在海狗得知是一顆心時，牠的兩個翅膀卻沒有長出來？〈三腳馬〉敘述者「我」為何把手裡的馬輕輕地放了回去，拉著賴國霖默默地退出來？凡此種種，俱可見其小說多有餘韻，沒有明確固定答案。

此際我回憶他的人，他的作品，望著窗外天色漸漸亮起，想起今天太陽已然升起，但作家鄭清文卻再也不可能起來，這種感覺如夢如幻般不真實，誰能相信這如椽大筆就此戛然而止？

原刊於2017年12月《文訊》386期

與鄭清文先生的二三事

◆ **陳雨航** 作家

1

> 我想在沒有宗教的國度裡，尋找一點心靈上的依憑，卻意外的發現到一些在外表上看來很簡單的道理，含有深遠的意義。我相信，在宗教以外，應該還有信仰；沒有迷信，而仍有信仰，便是宗教。
>
> 如果在將來，在沒有宗教的世界裡，人的心靈仍然有救濟的辦法，那很可能就是人透過自我尋索，完成自己，而獲得人和人之間的和諧。那時，人將不再孤寂。
>
> ——鄭清文〈尋找自己，尋找人生〉

2

寫作超過半世紀，鄭清文文學耕耘的時間是這麼長，而面向又從農村、舊鎮到大都市，我們此時看來，他的大量作品和台灣這數十年的社會變遷，便有了一個若合符節的對應關係，這或許是無意卻又是必然的貢獻。

鄭清文小說風格，包含文字的簡潔（卻又講求細節）和敘事的內斂，冰山理論的實踐者等等，評家多有論及。鄭氏小說的讀者多半熟知他常淡化情節，而在他含蓄的字裡行間追索它的深意。但如此敘述風格除了內心衝突之外，並不意味他的小說缺乏外在的戲劇性情節。

〈結〉的末尾，女主人翁試圖以漸次的身體接觸甚至於裸身來解開男主人翁的心結；在〈髮〉中，深情的貧賤夫妻，丈夫處理屢屢行竊不改的妻子，使出「斬頭斷髮」的手段，在在令人吃驚。其實，鄭氏小說裡有不少情境設定就很有力道，像〈秋夜〉，38歲守寡的婆婆，要求每個媳婦到了38歲就得與丈夫分床，且嚴厲監視……

小說家自有他寫作上的常與變。

3

與鄭清文先生相識，是因為出版的關係。從1985年到2003年，我先後在四家出版社工作，都有幸出到鄭先生的小說作品：1986《大火》（時報），1987《滄桑舊鎮》（時報），1991《春雨》（遠流），1992《相思子花》（麥田），2003《舊金山——一九七二》（一方）。鄭先生的小說創作以短篇為主，長篇一共只有三部，我編的第一本《大火》和最後一本《舊金山——一九七二》竟都是他的長篇。（鄭先生最早的長篇《峽地》，1970年由台灣省新聞處印行，1988年由九歌出版社重出。）

鄭先生的稿件交給我們時，長篇以外，他都未選定書名，編輯第一本短篇小說集時，考慮到如何向讀者介紹這本書，便取了一個總括性的《滄桑舊鎮》，雖然前有爾雅《現代英雄》（後又改為《龐大的影子》）的例子，但回顧過去其他各家出版社都在集裡選

一篇作書名，我們後來便也採取同樣方式。鄭先生是謙和的，每回都同意我們挑選的書名。

初進出版界，我在時報公司的同事李金蓮也是鄭清文小說的愛讀者。去年她出版長篇小說《浮水錄》時，我在一篇文章回憶我們共事的時光時寫道：「某一個黃昏，在抽風機轟然作響的地下室，我們『文學二人組』伏案撰寫向吳三連文藝獎推薦小說家鄭清文的理由。」鄭先生遠行之後，金蓮在臉書引用了這句話，並且說：「那一年，鄭清文先生獲得了吳三連獎，我感覺自己終於成為一名服務文學的人。」贈獎典禮我們都參加了，我依然記得鄭先生在台上的發言大要：這個獎固然榮耀了我們，但我們創作者的成績也會榮耀這個獎。

誠哉斯言。

和鄭先生在出版上的合作，比較大的計畫應數「鄭清文短篇小說全集」（1998，麥田）。我們向鄭先生提出這企畫時，只稍稍對「全集」的概念交換意見，取得共識，便啟動了。我請林秀梅（現任麥田副總編輯）執行這個計畫。各時期的小說由鄭先生親選，最後決定了68篇。

全集作品六冊，大致進行了兩年。我和王德威教授（麥田的顧問）商討出六位作家或評論家：李喬、王德威、陳芳明、梅家玲、許素蘭與李瑞騰，分別為每一冊撰寫評介，同時邀請推動鄭清文小說到英語世界不遺餘力的齊邦媛教授撰寫總序。全集的第七冊是別卷《鄭清文和他的文學》，收照片、評論選錄、作者的文學短論和雜憶、寫作年表等等，這一冊基本上是許素蘭女士編出來的。

4

和鄭先生見面談話是愉快的經驗。

陳雨航擔任麥田總編輯時企畫「鄭清文短篇小說全集」出版，作品共六冊，第七冊是別卷。

鄭先生退休前的十幾年間，我們幾乎都是約在銀行見面。中午，我準時從停車場邊的大門進到電梯間，通常就看到笑嘻嘻的鄭先生在那裡等我了，只有一次，我搭電梯上去，進到他們的大辦公室，中午休息時間罷，感覺那裡好熱鬧，打破了我先前對銀行內部的既有印象。

好像沒有例外，鄭先生都請我在名為「添財」的日式料理店吃蓋飯，或者握壽司，然後去喝咖啡，咖啡店倒是每次都不同家。

鄭先生是我的大前輩，但第一回見面的拘謹很快就在他平易近人的談話中化解了。通常去見他都是有點工作上的正事：前不久在哪裡讀到他的新作，後面還有甚麼計畫，可以結集了嗎？嗯，我又換了一家出版社，一樣做文學系列，還請繼續支持……有時候只是編校上的流程，想起許久未見，便決定自己跑一趟。

正事通常很快就說完，談天比較更像見面重點。談文學，談正在醞釀的小說，有時候我會提出他的某篇小說，然後聽他說到主人翁的原型，以及故事是怎麼來的……更多的時候他會談及最近讀的日文書內容，印象中都不是小說，文化觀念的書居多。

我們當然不會聊銀行的事，他太專業，我太外行。只有一次我問他：「鄭先生，你主持外匯部門的工作，匯率的變化，出入的數字這麼大，你不會經常處在緊張狀態裡嗎？」鄭先生微笑回答：「不會。我們有因應的機制和規則。」

想像一下，一個人日復一日年復一年在同一家銀行上班四十幾年，回家就在他的書房裡或閱讀或寫作，而且他的小說從不寫銀行裡的工作。好像在諜報片裡才看得到吧。

2013年1月9日，台北國際書展大獎公布，小說類得主鄭清文（左）與陳雨航（右）合影，得獎作品分別是《青椒苗》、《小鎮生活指南》。（台北國際書展基金會提供）

5

離開出版界後，與鄭先生見面的機會就少了。一回在他家附近的街上，一回在一個文學獎評選會上不期而遇。鄭先生80歲生日和小說集《青椒苗》發表會那次，我因為出國錯過了，但幾個月後，因為我們同時獲得書展大獎而在文化部的發表記者會上見了面。大概太高興，雖然回程還共同搭了一段車，竟忘了問鄭先生，《青椒苗》的〈大和撫子〉裡頭有個角色為什麼要叫與日本昭和時代的大明星鶴田浩二同樣的名字？會不會只是好玩，一位小說家的純粹童心？別忘了鄭先生也創作童話故事呢（鄭先生的童話作品多由玉山社出版）。

這小小的問題只能自問自答，再也無法從鄭先生身上得到答案了。但無妨，重要的是鄭先生留下許多精彩的小說值得我們一再閱讀。

原刊於2017年12月《文訊》386期

他只是到另一個世界寫

悼鄭清文先生

◆ **彭瑞金** 靜宜大學台文系教授

經營小說的慎重與精準

驚聞鄭清文先生去世的消息，錯愕良久，久久不能接受。前一個禮拜六，我們還在巫永福文化基金會開會，會議的地點離他家不遠，他卻罕見地是最後到、也是遲到的。他一向有老一輩人的風範，與人相約，只有早到、不會遲到，坐公共交通工具也一樣，我想和他當了一輩子的銀行家有關吧！做什麼都講求精確。這一次是坐計程車來的，他上車後問司機是否知道開會的地點，是一家餐廳，司機滿口稱是，不料卻把他載過頭，害他走了兩三百公尺的回頭路。也許遲到了，走路走得急，臉色有些蒼白。

坐下來不久，他便發言要辭掉基金會董事，以及巫永福文學獎的評審，一片慰留聲，讓他有些著急起來，他再次強調自己的記憶力嚴重衰退，長篇小說看了後面的就忘掉前面的。坐在他旁邊的許教授安慰他說，連她也常忘東忘西，大意是說，健忘不過是老人的共同症候。我坐在巫董事長旁邊，看得出鄭先生的為難絕非客套話，建議董事長准他辭掉文學獎評審，董事明年六月就要改選，下一屆就讓他休息吧！最後的決議就是這樣決定，因為開完這次董事會，文學獎評審馬上就要上路。

也許鄭先生心上的石頭放下來之後，心頭輕鬆了，他立刻就想到他的小說。他向在座的人詢問，服義務役的軍人，抽中「金馬獎」──抽中在金門、馬祖服役的人，家屬是否可在碼頭送行？我告訴他，馬祖的情形我不瞭解，因為在基隆上船，派往金門的，都先集結在壽山下的營房，部隊移防屬軍事行動，必須絕對保密，不僅不可以對外通訊，也不可外出，要等到平安抵達金門之後，才可寫信告知家人、親友。我服役的一九七〇年代，抽中金馬獎通常要等到役期滿了才能回到台灣本島，沒有休假、放假，很多情侶也因此發生兵變，所以有情人的役男，常聞「金馬獎」色變。鄭先生有此一問，我知道，可能是他正在寫、或者正在構思中的一篇作品的一段情節，可能出現的一個場景。讓我想起對他的第一印象。

1976年，吳濁流先生去世，鍾肇政先生接辦《臺灣文藝》，他就要我出任吳濁流文學獎小說組評審委員，是我第一次見識到鄭先生怎樣看小說。我記得當時包括葉老在內，幾乎都是憑印象式去討論作品的好壞，只有鄭先生逐一探討作品的細節，舉凡敘事觀點前後不一，描述事實的錯誤，時間之不合情理……他都一一列舉出來，讓人覺得再要堅持支持某篇作品得獎時，必定心虛不已。在

1989年，鄭清文（後排右七）應邀出席台灣筆會年會，會後合影。（鄭谷苑提供）

我等於上了一堂畢生難忘的小說課。認識他久了，就知道他是一位嚴以律己而薄責於人的謙謙文學長者。雖然他讀別人的小說非常仔細，相信他在經營自己的小說時一定加倍精密。他會逢人便請教軍人怎麼到外島當兵的故事，就是這種寫作性格的堅持，四十多歲時，看別人的小說如此，85歲了寫自己的小說，依然如此，這就是鄭清文。

鄭先生常說，他的小說寫得很慢，不像他的老友李喬「三兩下就寫出一本小說來」（鄭先生語，大意如此），但是他一輩子都在寫，不間斷的寫。以前在銀行上班的時候那麼忙，我問他，怎麼有時間寫作？他的回答很簡單，下了班回到家，多多少少都要寫一點。他雖然不是王文興寫《家變》（或者是《背海的人》）、平均每天只寫17個字那種磨工，但一篇小說，忙的時候可以一天只寫幾行、幾段，然後可以不斷「續」

完成它，大概只有寫小說的朋友才知道那是怎樣的小說功力了。我沒有寫過小說，但有寫書時，被死纏亂拗的老編插隊邀稿、打斷思緒的經驗，害我足足復健了一個月才接上前段的思緒。鄭先生曾告訴我他寫作的秘密；在銀行上班當然不可能偷空寫東西，他總在上下班坐車時「構思」，回到家只是把它寫出來而已。即使退休後，他也依然照著過去的寫作節奏寫。他是我知道的唯一隨時都有庫存的小說家，他幾乎不曾主動寄稿子給我，但不論是電話邀稿或見面邀稿，他都能答應供稿，頂多會說，再給他一個禮拜或十天，他還要「粉光」一下（這句話是用日語說的，我不會寫日語，意謂牆壁砌好、塗上水泥之後，還要再用不含沙的純水泥粉光一下），就是最後修飾的意思。最後一次見面，我竟然忘了依例向他邀稿，也許我被他急著趕路之後的臉色嚇到了，或許我若向他

邀了稿，按照他一生步步為營的個性，無論如何都會把稿子趕出來給我，不至於走得這麼匆忙。

鄭清文的小說不能叫慢工出細活，只是步步為營。他對文字絕不精雕細琢，但用字簡樸、精要。有人說他這樣的文字風格不易寫長篇。其實，鄭清文有長篇小說，他的長篇小說文字不改其一貫的風格，可見問題不在他的文字風格。不記得是他接受訪問，還是私下聊天時提及，最大的問題是他的職業，銀行員的生活，不太有經營長篇小說的餘裕。鄭清文作為寫了一輩子小說的小說家，肯定比任何人都記掛他的「長篇」。鄭清文是一生都低調到不行的文學人，從來都不預告他要寫什麼，或者正在寫什麼，大概只有少數人知道，他以「石世文」為主角的系列小說，都以短篇小說的形式、分散在各刊發表，其實就是他正在進行中的「長篇」。由於這些作品都是陸續在不同園地發表，最新一期的《鹽分地帶文學》（第71期），也發表了一篇，大概只有等待來日將他的遺稿整理就續之後，才能知道他這最後的長篇，到底完成的進度如何了。

在另一個世界靜靜地寫

和鄭先生相處，很少談文學以外的事，但他既不是和人談他對文學理論的滿腹經綸，也不向人推銷他個人的作品，他會提出某人某作品裡的某一段和你討論，在我這非小說人聽來，每一則都是上了一門課。鄭先生從來就不會給人留下好為人師的印象，但他不到80歲的時候，就對我說，他不喜歡也不再接受文學獎（指徵文獎）評審的工作，因為評審對作者想說的話，作者聽不到，面對的是空氣；和演講不一樣，演講可以和台下互動。我最後一次請他擔任的評審工作是第一屆鍾肇政文學獎，就不好勉強他看小說，請他看的是童話。

比起聽滿腹經綸的博學鴻儒演講，我喜歡聽鄭先生演講，因為他非常認真看待「演

2016年5月13日，彭瑞金（左一）與鄭烱明（右一）至鄭宅採訪鄭清文（右二）合影，左二為鄭夫人。（彭瑞金提供）

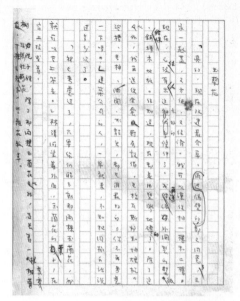

鄭清文〈玉蘭花〉手稿。

講」，事前都做了非常詳盡的準備。葉老說，那是銀行家的本色、一絲都不能苟且。他的演講呈現出來的，很像他的小說作品，簡單、明確卻喻意豐富深遠，很多人可能不知道，他寫小說經常三易其稿，每句話都務求精確。早期他的手寫稿寄出來以後，還曾經來電要求再改，後來孫子長大了會幫他打好字再傳，就看不到這些斧鑿的痕跡了。他的演講都會事先準備講稿，想說什麼都非常精確。他不是多言愛講話的人，他說寧願演講卻不擔任評審，把我嚇一跳。後來我才想明白，年紀大了，有許多寫作的獨門之祕，想要和有志寫作的人分享，透過演講才能面授機宜。

他的「石世文系列」採取的是一種漫漶式的結構，故事可以不斷地擴散出去，結構上可以無限龐大，也可以說停就停、想斷就斷，完全就是鄭清文一貫的風格。這樣的小說寫法，完全印證他一生的文學風格，那就是細水長流的文學，從來就不會給人千丈飛瀑的驚喜，但誰都別懷疑他的泉源之深厚。我曾經開玩笑說，講究冰山創作理論的他，就算存心放了一把《大火》（鄭清文長篇小說名），也燒得不怎麼旺。我不能說，他一輩子都是不急不徐地寫，因為有時候向他追稿子，他也會說：「我趕一趕看看！」不過，感覺上，他就是隨時都在書房裡寫作的人，他這麼突然地走了，我和李喬通電話時，他近乎嘶吼地連說兩句：「我不能接受！我不能接受！」因為鄭先生不是因身上的舊疾過世，他是因為心肌梗塞，但以前並沒有心臟病史。谷苑也說，剛帶他去做過檢查，並沒有發現心臟異常。或許他這樣低調地離開，是想讓人停留在過去的印象——他只是在書房裡靜靜地寫作，到了另一個世界，他也是這樣寫著。

原刊於2017年12月《文訊》386期

自信的文學

◆ 楊富閔　作家
　　　　　　　台灣大學台文所博士生

臉書上滑到鄭清文先生逝世的消息，第一個念頭是——找出書架上鄭先生的作品。書架上的這本是鄭清文短篇小說全集之一的《三腳馬》，為什麼是《三腳馬》呢？大概碩士課程列為教材之一，結果打開一看，發現扉頁有著鄭先生的簽名，時間是2012年3月27日。

我想到那個下午。準備前往圖書館的路上，印象中是現今台大後門社科院一處，老遠我就看到一位先生以傘為杖，幾乎同個時間想著：這不是小說家鄭清文嗎？以及他是不是迷路中。不知哪來勇氣我就前去搭訕，才知道鄭先生欲去之處，正是我剛離開的台文所。我用台語說我帶你去啊！來去！於是這樣陪他在校內走了一小段路。也是那日我才趁機找出研究室的《三腳馬》，因而有了僅存一次的留念簽名。

後來再次遇到鄭清文先生，都是在不同的講演場合。一次是在「文訊三十：世代文青論壇接力賽」，我們被放在同個梯次，那次我因事先行離開，未及現場聆聽鄭先生分享，後來讀到側記，小說家特別提到他的作品〈秋夜〉，於是我就跑去讀了〈秋夜〉；另次是在台文所歲末餐聚，所上邀請鄭先生前來與學生談創作聊文學，鄭先生備妥了講稿，談笑中感覺他是令人溫暖且安心的長輩。幾乎是在前後時間，也看到了由吳念真改編自鄭清文小說作品的舞台劇《清明時節》，記得我與朋友坐在距離舞台相當遙遠的位置，鄭先生當時不知是否也在同個場次觀賞。

放下手上的《三腳馬》，突然有股衝動，想要多讀鄭先生其他作品。鄭先生離開的那日晚上，我到住處附近的台灣圖書館，最後借出的是他的文字論述《小國家大文學》。我很喜歡閱讀作家的隨筆雜文，彷能讀到不同小說家身分的鄭清文，對於文學養成、創作觀乃至文化環境的想法。當我看到「台灣作家，要對自己有信心。」這段話，心情十分激動。像是不只讀到文字也聽到鄭先生的聲音。我對自己有信心嗎？閱讀鄭清文的作品是個進行式，「寫作不能有任何自限」，而我在之中讀到小說家對於文學的理想，也讀到一顆熱切彈跳的初心。

原刊於2018年1月9日
《自由時報·自由副刊》

明天再摘，
明天再賣，
明天再回來
鄭清文〈玉蘭花〉

◆ 楊隸亞　作家

「來噢！來買玉蘭花噢！」從龍山寺到台北火車站，從西門町到北門，從公路客運到計程車，玉蘭花的氣味不只存在於鄭清文的短篇小說，更寫實於過往的台北空間地景。

「玉蘭花」是民國七十幾年至八十幾年的某種集體氣味記憶。

竹籃內的玉蘭花，曾是跟隨行李與行車的禮物。鄭清文短篇小說〈玉蘭花〉裡的男主角林清河，隻身徒步至台北火車站尋找販賣玉蘭花的母親，他是這樣寫的：「母親每天一早起來摘玉蘭花。過熟的，她不摘，未熟的，她也不摘。有人告訴過她，怕過熟的，可以在前一兩天摘下來，放在冰箱裡，沒有賣完的，也可以放在冰箱裡，明天再賣。但母親都沒有嘗試過。」

民國七十幾年的公路客運或計程車司機，喜愛在後視鏡掛上一串玉蘭花，隨著冷氣出風口的吹拂傳送，整車彌漫著玉蘭花的香味，也依靠著清香味壓制菸味、汗臭味、各種體味。

從哪天開始，台北火車站的列車開始不在地面上跑，車身從白日跑到黑夜，城市也往下走得更深，在我們肉眼無法觸視的地下洞穴，悄悄開挖新的通道，迷宮般血管串連起城市新血脈。捷運、高鐵、機捷，台北的身體地圖，無論是軀幹、雙手、雙腳，四肢逐漸被澈底打開。除了台灣話、國語、客家話，還要說日語、英語，一路敞開，迎向國際。

西門町不再有賣玉蘭花的小販，國際快速時尚品牌廣告取代了入口處的風景，小黃計程車司機拿出一個小鐵盒，手搖時傳出沙鈴的聲響，說是最新奈米高科技，保證車內無味無臭。我伸張鼻孔，努力嗅聞，確實一點味道也沒有。

我曾於返鄉的長途客運上，因暈車不適，吐了一塑膠袋。司機在休息站過後，主動幫忙清掃，離去座位前放置一串玉蘭花在冷氣出風口。隨著公路的前行，花串搖擺，淡黃色的花瓣，像雙手合掌的祈願姿勢，給予祝福安慰。

也許玉蘭花是流し那卡西，奈米科技除臭盒是五月天3D演唱會。鄭清文說，過熟的，不摘，未熟的，也不摘。原來玉蘭花是等待，是愛情。苦衷也多情，就是它最終的音訊。

小說〈玉蘭花〉裡的天橋場景早已拆除，都市更新是艷火，燒掉時間的每一格底片。

明天再摘，明天再賣，明天再回來。

原刊於2018年1月9日
《自由時報・自由副刊》

寫我與鄭清文老師美好的午後

◆ **趙自強** 如果兒童劇團團長

　去年（2016）12月28日下午，我跟鄭清文老師約在他家附近的咖啡店見面，我剛做完三個緊鑼密鼓的大型製作，前兩天還在演出中摔傷了腳（那時還不知道這個傷如此嚴重，讓我休養了大半年），我在工作之後匆匆趕去，有點遲到。我從已經有點冷意的外面進到咖啡店裡，溫暖的燈光下，鄭老師已經在跟劇團夥伴聊天了。我沒有想到自己是在這麼狼狽的時候遇到鄭清文老師，也沒有想到那天下午是我跟一位我這麼景仰、想要學習，而且在台灣文學界這麼重要的人，唯一一次見面的機會。

　剛開始做兒童劇時，我收集了很多資料，希望在台灣兒童文學界、兒童教育界，找到可以跨界學習的前輩，鄭清文老師和他的童話作品《燕心果》是一直被討論到的。去年那時，我計畫提出一個企畫書，以老師的文學為基礎改編成兒童劇，在出版社的幫助下，安排了與老師見面學習的難得機會。

　鄭老師非常和藹可親，他一點也沒有覺得我對於他的作品不夠熟悉，他已經是國家文藝獎的得主，受到國家的肯定，而我還只是著眼於他的童話故事，尤其是《燕心果》這本書。他無私的跟我們談他的創作，講他最早怎麼受到林懷民老師的鼓勵，開始發表故事；講他為什麼想要寫故事給小朋友。他也告訴我們他對於自己的作品中，那些生生死死的故事，重點不是死亡，而是成長；而他的主角人物，又是怎麼在這些壓力和缺陷當中，長出智慧和勇氣。

　他也透過《燕心果》故事，直接現身說法，告訴我每個故事後面都有營養的來源——他從契訶夫小說得到要去傾聽悲傷人的心聲，從海明威的簡約（也是文壇中眾所周知的冰山理論）教我在那個露出來的八分之一的冰山底下，有八分之七等待我們去挖

2016年12月28日，趙自強（左）和劇團夥伴趙珮妤（右）就兒童劇改編，與鄭清文（中）見面請益。（如果兒童劇團提供）

《燕心果》是鄭清文第一本童話創作集，1985年3月號角出版。

掘。鄭老師還講了《天燈·母親》中，那往上攀爬想要重回人間、重獲自由的心，是來自佛教故事〈蜘蛛之絲〉得到的啟發⋯⋯

老師說話，就跟他寫的小說一樣，他不會把話說滿、說燥、說急切了，總是帶著一點點長者的幽默。他國台語交雜的說著，也沒有怪我聽不太懂台語，有時候還很努力的翻成國語，說農村、舊庄、他的故鄉、他的童年，還有他對母親形象的尊敬和依戀。我想，他的童話如此受到喜愛，應該就是因為在他的心裡，一直有個小男孩，純真的、努力的說著故事⋯⋯

做兒童劇的我，同樣常常回頭看我的父母、我的童年，回想成長路上那許多困惑，我們不是要去教小孩什麼事情，而是要把自己的心情就像「燕心果」一樣，從心裡面掏出來，分享出去，送給孩子們。而且這個承諾，是一生的承諾，一直做到生命的最後一刻⋯⋯

我想我們都有一個壞毛病，總覺得美好的事物不會那麼倉促的離開我們。傳出老師的惡耗的那一天，我們還正在討論，如何把《尋找燕心果》這個戲做好。實在很難描述這樣子的心情，一個寫故事的人，突然在我們都沒有準備的時候，走進了故事。

我在這齣戲本來的安排做了一些改變，不只是向鄭清文老師致敬，也是向像他這樣擁有創作熱情，一直努力為讀者說故事的人，致上我們的珍惜跟祝福。希望這一顆顆珍貴的燕心果，繼續在年輕的小朋友身上，長出翅膀，飛向美好的世界。

原刊於2017年12月《文訊》386期

三腳馬：誰在人的身上做記號

◆ **盧慧心** 作家、電視編劇

　　做為殖民地，台灣人的成色駁雜不一，歷經不同的當權者，為了存活，只得行如其行，改換姓名，講新的語言還不夠，更好的是能換張皮、換個頭、換一副心腸。但我們的腦子、身子、我們的心，又怎麼經得起政權更迭的撮弄？

　　小說主角曾吉祥的鼻子上有作家鄭清文替他捺下的指印，然而命運給人做的記號，更像窯場批出的瓷碗，隱在碗底若如月牙，不翻過一個個兒，見不到底，見底，對人來說，就是走到無路，才能給人憶起，原來是何時，那雙無形的手這樣翻弄過。我對〈三腳馬〉小說中的主人翁曾吉祥寄予同情，他遭遇的試煉可多了，起步太低的他，為了翻身，一次次做了利己的選擇，逃往權勢的庇蔭，像個扭動、掙扎的游離分子，一端親油、一端親水。

　　隱身雲端的鄭清文讓他與玉蘭結為連理（然而妻子身上的記號又是什麼？），當台灣又變天了，曾吉祥再次出逃，妻子被命運攫走，死神的活板門始終在曾吉祥耳內嘎嘎作響，於是躲在山裡刻馬的曾吉祥，也替他的馬做下記號，不是四腳，而是三腳，就這樣，曾吉祥也變成造物者了，他把自己的人生特徵（三腳：日本人的走狗）鈐記在木馬上，只因為他還很痛苦，然而他能放棄自我嗎？

　　鄭清文清淡的筆觸寫人命，彷彿扣弦揉琴，音聲綿長。

　　本篇發表在我出生那年，近四十年的時光過去，由我看來，這不只是一時一地的寓言，當時或該歸於沉默的結局，今日竟仍嗡嗡作響，誰在人的身上做記號，國族、貧富、階級、性別、認同，我們替彼此做上記號，每個標籤都是一記增強音，且愈來愈難彼此容忍，愈來愈樂於彰顯人我的界線，誰心中沒有腿瘸的三腳馬，一端親水、一端親油，只因不能放棄自我，負重行險呢？

原刊於2018年1月8日
《自由時報‧自由副刊》

以筆代花的紀念

◆ **賴香吟** 作家

小說家鄭清文（1932～2017）逝世消息傳來，令人愕然。每次見面，鄭先生總是親切，爽朗，七、八十歲依然寫得順手，一個永康公園在他眼中故事百生。鄭先生談起文學，從來不是大口氣，笑稱自己用筆寫稿，寫得多了，讓代勞打字的外孫女嫌累呢。

如此的鄭先生，讓人忘記了歲月。這些年，讓人措手不及的作家之死，先是郭松棻先生，今是鄭先生，敲痛人我懺悔之心，來不及表達對他們的尊敬。

這個秋天，我去過一趟多洛帖墓園（Dorotheenstädtischen Friedhof）。除了同行者關心的黑格爾與費希特（Fichte），我注意到布萊希特（Bertolt Brecht），隔幾個腳步，則是亨利希曼（Heinrich Mann）、安娜西格斯（Anna Seghers）。這個墓園位於柏林市中心，自十八世紀逐漸形成，許多哲學、建築、藝術領域的傑出名字長眠於此。布萊希特二次戰後結束流亡，回到東柏林，選擇傍此墓園長居，直到身故。該空間現改造成紀念館，參訪者看完布萊希特文稿，臨窗便能眺望作家墓旁那一株大樹。

那一天，布萊希特墓前，斜擺著一朵鮮艷紅玫瑰，大概是哪個探訪者在早晨放的，還沾著剛下過的雨。此外，彷彿東方上香的概念，濕潤土地圍插著多支日常書寫的筆，還有幾片黃葉，幾顆此地秋天常見的馬栗。

我們後來在墓園踅了半圈，恍若置身上世紀柏林文化的黃金年代，人人墓前各有追思，不過，倒是沒有看到有如布萊希特這般，以筆代花的紀念，直到取捷徑打算離開，才見轉角處，一座白色墓前，也插著滿

鄭清文於高雄美濃的鍾理和紀念館留下的手印。（鄭谷苑提供）

滿的筆。

我走近端詳，墓碑上頭刻著：

Christa Wolf，1929-2011。

克里斯塔沃夫，是一個和鄭清文先生差不多同時代的女作家，儘管分隔世界兩端，文筆也不相同，不過，他們的青春成長所迎接的，同樣是戰爭廢墟，同樣經歷國家體制變革，飽嘗政治意識型態對人心的衝擊與教化。我遲至克里斯塔沃夫的訃聞才知曉這位作家的文學聲譽。作家這一行常因其死才得世人評價，命定的寂寞。不過，換個角度說，亦是冷戰把世界切成兩半，知識因政治阻絕，台灣對戰後德國文學的認識多重西德，東德付之闕如，無論是布萊希特或克里斯塔沃夫，都不是公眾熟悉的名字。

無論從出身或學經歷來看，克里斯塔沃夫很有理由作為東德菁英黨員，進入文化核心，事實上，她也確實有過這樣一段歲月，不過，當政治尺度橫向藝術，她終究挺身反對審查，失去了她的利益位置。東德時期克里斯塔沃夫的最後身影，出現於圍牆倒塌前夕的亞歷山大廣場，她對著近百萬群眾喊出民主呼聲。這樣的生涯與作為，與其將之評論為跟著政治風向走，不如檢視作品本身：克里斯塔沃夫的小說執著於自省與尋找答案，呈現的並非冷戰時空下所需要的道德偶像，而往往是帶著問號的人物。另一位同代人，成名於西德的鈞特葛拉斯（Günter Grass），於克里斯塔沃夫的葬禮致辭，先以「虔誠地誤入歧途」形容同代人青年時期的精神狀態，又以「懷疑自己的勇氣」稱許了克里斯塔沃夫的一生。

一個有良知的作家，終生如何思考？如何犯錯？如何相信？一個人，在政治的長夜裡，如何對黎明懷抱希望？如何不厭棄理想與人性？這些問號，說來是廢墟世代文學的重要價值。即使在統一之後的新德國，克里斯塔沃夫的精神生活亦非一帆風順，她人生最後一部大書，在安靜的暮年，追憶備受爭議的史塔西告密者主題。之後，她長眠於多洛帖墓園，純白色大理石墓碑，簡潔，新的死亡，人們對她追思未減，同樣玫瑰，更多的筆，以及據說有著微微毒性，不可食用的馬栗。

鄭清文先生離世後的幾日，布萊希特或克里斯塔沃夫墓前，以筆代花的紀念，經常縈繞我的腦海。我真希望，屬於我們的作家，也有真正安靜的悼念。世界在變，詮釋與價值也在翻轉，如鄭先生與克里斯塔沃夫這樣的作家，應該會從文學史的冰層浮升出來：不揭櫫使命也不歌頌英雄，而以人生堅忍給我們啟示，敏於觀察，敢於懷疑，即使那懷疑的對象是自我。說來奇妙，愈是嚴格自疑的作家，對外界他人往往帶著更寬透的視野，更深沉的關懷。鄭先生為人行文，謙沖溫和，可其小說藝術甚嚴，字斟句酌。他寫了一生，看似不沾政治，實是不落痕跡，把他沉痛的時代意見都灌注到生活細瑣裡去了。

寫作，確實如葉石濤所說是一種勞動，作家握筆如礦工把心靈的詞語從黑暗中鑿切出來。花或凋謝，字語長存，一個作家，一生要寫盡多少墨水呢？從這個古典意象來說，我很願意在下回經過墓園的時候，帶一枝自己的筆，放在心儀的作家墓前。

原刊於2017年11月11日《上報》網站

家屬懷念輯

愛的力量
紀念鄭清文

◆ **鄭谷苑** 鄭清文次女
中原大學心理系副教授

十天有多長？

我的爸爸鄭清文，在11月4日12：40離開了我們。《文訊》封總編問我，可不可以寫一篇文章來紀念爸爸。在截稿前的十天內，在悲亂的心情中，我試著用一個比較不同的角度，來說說鄭清文。

爸爸不要我們悲傷，所以我用一些私房小故事，和大家分享。

1

很多人知道，爸爸是個話不多的人。爸爸還在華銀工作的時候，有一群同事好友，固定在周四中午聚餐。爸爸退休快滿二十年了，到現在，每周四還是他不會缺席的固定聚會。這樣將近三十年的聚會，爸爸在其中，也是「少話一族」的一員。但是，他都會跟我說，今天誰說了什麼。他話少，但總是專心地聽。對所有的人，他都是這樣。

爸爸是個開朗的人。那天與丘光先生聯絡，他說，最想念的是爸爸爽朗的笑聲。的確，縱然我極度悲傷，但是想到的爸爸的每個畫面，都是在笑的。有微微的笑，調皮的笑，也有開心爽朗的「呵呵呵」。爸爸的調皮，是要跟他很親近的人，才看得到的。就像〈火機密使〉、〈夜襲火雞城〉的故事那種口氣。我們在一起的時候，會亂編故事。有一次，他編了一個很調皮的，「很想要長牙齒的石頭」的故事給我聽，非常棒！但是因為我在開車，無法立刻記起來，後來他自己也想不起來了，真可惜。

1960年代，鄭清文夫婦與三個子女。（鄭谷苑提供）

啊，這是爸爸的另一個特色，就是記性差。有一次，他很惋惜地告訴我們，他不小心把一整個長篇小說的題材，全部忘記了。他有時候會偷偷跟我們說，因為記性太差，重讀自己年輕時的作品，因為記不得當初怎麼寫的，就覺得「當時怎麼寫得那麼好呀」。後來年紀漸漸大了，也會擔心自己有沒有退化，記性有沒有變差（他用台灣話說，有沒有老頹了）。我說：「爸爸，不用擔心，一點也沒有啦。」他就很開心的問：「真的嗎？」我說：「從年輕，記性從來沒有好過，無法再退步啦，不用擔心。」他就「呵呵呵」開朗的笑了。

爸爸是個不愛講大道理的人。姊姊、哥哥和我，從小，爸爸就很少用什麼大道理來要求我們。他的小說〈門〉中有提到，像「不遷怒、不貳過」這種看似簡單的教誨，根本很少人能做到。既然做不到，就不如不說。另外，他也很不愛用成語，覺得用白話文，也就是生活的語言能表達的，就不需要用到成語。要講大道理，不如對人有更多的理解和同情。這也是他很愛契訶夫的原因之一。

這樣的態度，他每天做人做事，對待孩子，和朋友交往，都是如此。

爸爸當然是個重感情的人。這一點，在過去這幾天，每一位來小靈堂和爸爸告別的親朋好友的回憶中，清清楚楚的可以看到。他是個很溫柔、很替人著想的人，這一點也很多人提到。因為這樣，他有各種年齡的朋友。事實上，他是個很有「女兒緣」的人。我說女兒，不是認乾女兒的意思。其實，爸爸最不喜歡形式，也不喜歡認乾兒子、乾女兒等等。他對人的尊重，和好逗陣的個性，很多我們家裡和我同輩的女性友人，心中都把他視為像是父親一樣的角色。爸爸的忘年之交張傑文醫師說，他最喜歡爸爸的，是以爸爸的年齡和成就，他一點架子都沒有。這是真的。爸爸和傑文很有話講，兩個靜靜的人，可以講很久，這也是個奇妙而美麗的畫面。他就像一棵大樹，寬廣的伸開枝葉，提供樹蔭，吸引大家聚在他的身邊。

2

但是，爸爸也是個堅持又難搞的人。他

2006年，鄭清文（左）與女兒谷苑攝於法國協和廣場噴水池。（鄭谷苑提供）

鄭清文全家福。（鄭谷苑提供）

年輕的時代，在公家機構做事，是一定要加入國民黨的。爸爸說，每年人事室都會固定把國民黨入黨表格，和公文一起放在他桌上。他膽子很小，但是很堅持。他說，他有點擔心，怕不入黨會不會有什麼問題，但是不想入黨。所以每次就默默的把空白的表格，再夾在公文中，送回去。還好都沒怎樣。在文學上，他更是堅持又難搞。他不是沒有看法，只是做人做事，不傷害人。2005年他接受杜國清教授的邀請，到加州大學聖塔芭芭拉分校，擔任駐校作家兩個月。這個邀約的關鍵人物，是聖地牙哥的鄭德昌博士（Edward）。在討論演講相關訊息的過程中，即使是很客氣，又有點膽小的爸爸，在所有的細節上，包括題目，都非常堅持。他們也因此意氣相投，變成另一組，安靜而話講不完的好友。

在文學創作外，爸爸也擔任過不少評審的工作。他很重視評審工作，因為覺得寫作的人，好的作品，最需要得到肯定。就我所知，就有不少的好作家，在年輕的時候，都有作品被爸爸評過。有幾次，在家裡他事先

會說，覺得哪篇作品很好，但是應該不會得獎，不過他還是會努力替它拉票，因為作品好，需要被肯定。

爸爸年紀漸漸大了，只有一次，他跟我說「年紀大了，好像沒有用了」。但是進入老年的他，最棒的地方是，他沒有沉在那個不安的心情裡，馬上找到了解決之道。他坐公車來和我約會，一定要坐前面，比較安全，但是引擎聲讓他聽不清楚電話（他聽力沒問題，只是引擎太吵）。他就打手機給我，「我在公車上，現在到了圓山，再十分鐘，美麗華噴水池見。妳不用講話，我聽不到。到了我再找妳。」然後就掛掉電話。不要以為這種轉變很容易。「老了！」是有可能讓人很恐懼，很無助的。我讀心理學，我想，這代表爸爸是個很有勇氣的人。

爸爸是個純真的人。我常常想，爸爸的身體裡，住了一個無年齡標記的孩子。永遠都是如此的好奇、好學。我讀大學時，爸爸開始有演講的邀約。我都會陪他去，做他的書僮。後來，我自己去演講時，他也都會陪我去，做我的書僮。這個書僮不搬書，只專心

2013年8月8日，鄭清文隨同《文訊》的「作家關懷列車」前往探訪廖清秀。坐者左起：鄭清文、廖清秀，立者左起：莊紫蓉、封德屏、李苗妙、吳穎萍。（文訊文藝資料中心）

的聽、問問題，甚至比付學費來上課的同學還認真。他永遠年輕，永遠好奇，是我永遠的書僮。上個月，10月15日，我去講大腦與學習，這是他最後一次做我的書僮。事後，他還跟我說，他收穫好多。有這樣的爸爸，今天他走了，我的世界也變了。

我1998年出國讀書。只要我在國外，爸爸每周固定周一和周四，寫兩封信給我。2004年我讀完書，回台灣工作，到現在每天晚上睡前我們會打打電話，說說今天的事。我們兩人都是夜貓一族，有時候半夜兩點，想到什麼，還會打去，再補充一下。爸爸這樣突然地走了，我的世界也傾頹了。但是，這幾天來，從親朋好友的口中，我清楚地看到，爸爸沒有離開，他這個人和他的文學，活在我們的記憶中。

3

當然，爸爸並不是沒有缺點的人。他也有很多缺點。前兩天，有位爸爸二十多歲就相識相交的摯友，說爸爸是很好的人，在文壇沒有敵人。我雖然不知道這是否是絕對的事實，畢竟如果是敵人，這時候也不會現身。但是從絡繹不絕的親友，每位親友回憶自己和爸爸的相處，都是特殊的、好玩的、令人難忘的。爸爸在生活、工作、做事、寫作、對人對事，尤其是對我們家人，我認為他是一個最會「愛」的人。在他的作品中，我很喜歡的，像〈一對斑鳩〉、〈黑面進旺之死〉、〈水上組曲〉、〈又是中秋〉、〈大水河畔的童年〉，都可以看到他深深的愛。他用小說、童話，尤其是文學與文化評論，像是〈小國家大文學〉、〈樹的見證〉，來講故鄉、童年、鄉土，和台灣。

十天很短，但是對爸爸的回憶，卻不斷湧出。我寫文章，爸爸一向都會幫我看。這是第一篇沒有爸爸給意見的文章。在慌恐的心情中，我擔心自己不知所云。但是爸爸大大的愛的力量，在後面支撐著。爸爸對人的愛，和他的作品，會永遠留在我們的心中。

原刊於2017年12月《文訊》386期

THE
LAST
OF
THE
GENTLEMAN

資料輯

鄭清文文學繫年

◆ 李進益‧文訊編輯部

1932 9月16日，生於新竹州桃園郡水汴頭（舊稱「埔仔」，今桃園中正路尾一帶）。生父李
遂田，生母楊柔，為家中七個兄弟姊妹的么子。

1933 9月，與姊姊一起過繼給沒有子嗣的舅舅，養父鄭阿財，養母官金蓮，從此改姓鄭，居
住於台北州新莊郡新莊街（今新北市新莊區）。

1945 新莊東國民學校畢業。考入台北國民中學（今大同中學）初中部。由於空襲頻繁，時常
停課。

1948 台北國民中學初中部畢業。考入台北商業學校高商部。

1951 台北商業學校高商部畢業。
參加就業考試，分發至華南銀行。

1954 9月，考入台灣大學法學院商學系。於華南銀行辦理留職停薪。

1958 1月18日，〈第一課〉發表於《聯合報》副刊。
3月7日，翻譯川端康成〈妻的儀容〉發表於《聯合報》副刊。
13日，第一篇短篇小說〈寂寞的心〉發表於《聯合報》副刊，因此結識副刊主編林海
音，受其鼓勵，持續創作與投稿。

1959 8月19日，短篇小說〈簸箕谷〉發表於《聯合報》副刊。

1960 4月，於華南銀行復職，至1998年1月退休。
退伍。
與陳淑惠結婚。

1965 10月，短篇小說集《簸箕谷》由台北幼獅文化公司出版。

1968 6月，短篇小說集《故事》由台北蘭開書局出版。

1969 4月21日，短篇小說〈門〉獲第四屆台灣文學獎。

1970 6月，長篇小說《峽地》由台中台灣省新聞處出版。
11月，短篇小說集《校園裡的椰子樹》由台北三民書局出版。

1972 赴美國舊金山加州銀行（Bank of California）研習半年，並藉此機會前往波士頓、紐
約、倫敦、巴黎、羅馬等地旅遊，也因為這半年的旅居經驗，引發其寫作《舊金山──
一九七二》的動機。

1973 遷居台北市永康街。

1975 翻譯契訶夫（Anton Pavlovich Chekov）《可愛的女人》，由台北志文出版社出版。

1976 4月，短篇小說集《現代英雄》由台北爾雅出版社出版。

1977 6月，翻譯普希金（Aleksander Sergeevich Pushkin）《永恆的戀人》，由台北志文出版社
出版。

1981 12月27日，應邀參加《文學界》於高雄舉辦之「鄭清文作品討論會」，與會者有李喬、

葉石濤、彭瑞金、鄭烱明、應鳳凰等。

應邀參加《文學界》於高雄舉辦之「《文學界》成立酒會」，與會者有李喬、葉石濤、彭瑞金、鄭烱明、應鳳凰、許振江等。

1982　6月，第一篇兒童文學〈燕心果〉發表於《台灣時報》副刊，此篇作品為響應黃春明、林懷民提倡兒童文學所作，從此開啟鄭清文童話創作之路。

1983　4月，短篇小說集《龐大的影子》（原名《現代英雄》），由台北爾雅出版社出版。

1984　2月，短篇小說集《最後的紳士》由台北純文學出版社出版。

　　　9月，短篇小說集《局外人》由台北學英出版社出版。

1985　3月，兒童文學《燕心果》由台北號角出版社出版。

　　　4月，短篇小說〈三腳馬〉由中村ふじろ日譯，收錄於中村ふじろ、松永正義、岡崎郁子合譯的《三本足の馬》，由東京研文出版社出版。

1986　4月，長篇小說《大火》由台北時報文化出版公司出版。

1987　6月，短篇小說集《滄桑舊鎮》由台北時報文化出版公司出版。

　　　7月，短篇小說集《報馬仔》由台北圓神出版社出版。

　　　12月3日，獲第十屆吳三連文藝獎小說獎，應邀出席於台北國賓大飯店國際廳舉行的頒獎典禮。

1991　1月，短篇小說集《春雨》由台北遠流出版公司出版。

1992　7月，《台灣文學的基點》由高雄派色文化出版社出版。

　　　短篇小說集《相思子花》由台北麥田出版公司出版。

1993　5月，兒童文學《阿里山の神木：台湾の創作童話》由岡崎郁子編譯，東京研文出版社出版。

1996　擔任「台灣筆會」第六屆會長。

1998　1月6日，〈台灣文學必須擺脫中國文學〉發表於《台灣日報》副刊。

　　　1月16日，自華南銀行職務退休。

　　　6月，《鄭清文短篇小說全集》（共七冊）由台北麥田出版公司出版。

　　　12月，文學繪本《春雨》由台北台灣麥克公司出版。

1999　6月，短篇小說〈春雨〉由史嘉琳英譯，收錄於齊邦媛主編《中英文對照讀台灣小說》（*Taiwan Literature in Chinese and English*），由台北天下文化出版公司出版。

　　　10月，短篇小說集*Three-Legged Horse*獲美國第四屆「桐山環太平洋書卷獎」（Kiriyama Pacific Rim Book Prize）小說獎。

　　　12月，以《鄭清文短篇小說全集》獲行政院新聞局金鼎獎文學創作類獎項。

　　　齊邦媛編*Three-Legged Horse*由紐約哥倫比亞大學出版社出版。

2000　1月，文學紀錄片《作家身影——鄭清文：冰山底的沉靜與騷動》由台灣春暉國際公司製作，於公視播映。

　　　4月，兒童文學《燕心果》由台北玉山社出版公司出版。

　　　兒童文學《天燈·母親》由台北玉山社出版公司出版。

2001　6月17日，以《小國家大文學》獲巫永福文學評論獎。

　　　兒童文學《春風新竹》由台北教育部兒童讀物出版會出版。

2002　3月，應邀參加於美國加州大學聖塔芭芭拉分校舉行的「台灣文學與世華文學國際學術

研討會」。

2003　2月，長篇小說《舊金山———一九七二》由台北一方出版公司出版。

3月，應邀參加第五屆「世界華文作家協會」年會，獲「世界華文文學終身成就獎」。

2004　8月，兒童文學《採桃記》由台北玉山社出版公司出版。

2005　10月20日，獲國家文化藝術基金會「第九屆國家文藝獎」，於高雄市文化中心至善廳舉行頒獎。

2006　2月，短篇小說《三腳馬》由台北遠流出版公司出版。

5月27、28日，應邀參加中正大學台灣文學研究所主辦的「鄭清文國際學術研討會」，與會者有陳千武、李魁賢、黃英哲、陳萬益、江寶釵、吳麗珠等。

2007　12月，鄭谷苑著《走出峽地：鄭清文的人生故事》，由台北麥田・城邦文化公司出版，並於27日舉辦新書發表會。

2009　6月，兒童文學《丘蟻一族》由台北玉山社出版公司出版。

11月28日，獲真理大學第13屆台灣文學家牛津獎；頒獎典禮會後，真理大學台灣文學系主辦鄭清文文學學術研討會，與會者有李喬、李魁賢、李進益等。

2010　7月，短篇小說〈清明時節〉、〈苦瓜〉，由吳念真改編為舞台劇《清明時節》，由綠光劇團在台灣各地巡迴演出。

2011　7月，應日本「殖民地文化學會」邀請，紀念其創設十周年，前往發表專題演講「為什麼寫童話」。

2012　3月，封德屏總策畫、李進益編選《臺灣現當代作家研究資料彙編26・鄭清文》由台南國立台灣文學館出版。

9月，短篇小說集《青椒苗：鄭清文短篇小說選3》由台北麥田・城邦文化公司出版。

2013　1月，短篇小說集《青椒苗：鄭清文短篇小說選3》獲台北國際書展小說類書展大獎。

2015　11月，兒童文學《新莊往事———失去龍穴的城鎮》（原名《新莊———失去龍穴的城鎮》），由台北新莊社區大學出版。

2016　11月，短篇小說〈蚵仔麵線〉由馬思聰英譯，刊載於《中華民國筆會英文季刊———當代台灣文學英譯》第178期。

2017　9月，短篇小說〈清明時節〉、〈苦瓜〉改編的舞台劇《清明時節》，由綠光劇團在台北國家戲劇院演出。

10月，短篇小說〈清明時節〉、〈苦瓜〉改編的舞台劇《清明時節》，由綠光劇團在高雄至德堂、台中國家歌劇院演出。

11月4日，於台北三軍總醫院辭世。

11月25日，告別式於台北第一殯儀館舉行，總統蔡英文出席並頒發褒揚令予鄭清文家屬。

2018　1月13日，「最後的紳士———鄭清文紀念會暨文學展」於台北華山文創園區中3館2樓拱廳舉辦。

鄭清文作品目錄及提要

◆ 文訊編輯部

| 論述 |

台灣文學的基點
高雄：派色文化出版社
1992年7月，新25開，392頁
白鴒鷥文庫2010
本書內容為作者對其他作家作品的評論及對自身文學觀念的闡述，及其發表於各大報刊上與文學相關的短文。全書分四輯，收錄〈讀《鍾理和短篇小說集》〉、〈李喬的《恍惚世界》〉、〈天生的作家〉、〈作家的起點〉、〈讀鍾肇政短篇小說札記〉等72篇文章。

小國家大文學
台北：玉山社出版公司
2000年10月，25開，318頁
本土新書49
本書集結作者自一九七〇年代至今發表於報章雜誌上的評論，內容除描寫對台灣文學與文化的觀察，也論述自身的文學觀，並對現有的台灣文化現象提出見解。全書分「文學台灣」、「台灣的心」兩部分，收錄〈烏秋、烏魚、蓬萊米〉、〈一張書單〉、〈文學素養〉、〈《恍惚的世界》——文學素養（二）〉、〈台灣哪有文學？——文學素養（三）〉等101篇文章。正文前有鄭清文〈自序〉。

多情與嚴法
台北：玉山社出版公司
2004年5月，25開，173頁
本土新書89
本書集結作者發表於各大報紙副刊之評論，內容主要表達自身對台灣文學及文學家的省思，同時批判中國文化與文學之不足。正文前有鄭清文〈自序〉。全書分為「舊事懷想」、「文學、文學家與台灣文學」、「中國文學的困境」、「對中國的迷思」四部分，收錄〈慢半拍的十七八歲〉、〈火車經驗〉、〈亭仔腳〉、〈豬公條仔〉等42篇文章。正文前有鄭清文〈自序〉。

| 小說 |

簸箕谷
台北：幼獅文化公司
1965年10月，40開，195頁
台灣省青年文學叢書
短篇小說集。本書為作者第一本出版的小說集。全書收錄〈寂寞的心〉、〈簸箕谷〉、〈我的「傑作」〉、〈老人〉、〈永恆的微笑〉、〈水上組曲〉、〈又是中秋〉、〈重疊的影子〉八篇文章。

故事
台北：蘭開書局
1968年6月，40開，216頁
蘭開文叢3
短篇小說集。全書收錄〈芍藥的花瓣〉、〈漁家〉、〈路〉、〈晤面記〉、〈故事〉、〈我的傑作〉、〈一對斑鳩〉、〈吊橋〉、〈秋天的黃昏〉、〈又是中秋〉、〈退休〉、〈橋〉、〈缺口〉、〈姨太太生活的一天〉14篇文章。

峽地
台中：台灣省新聞處
1970年6月，32開，250頁
省政文藝叢書32

台北：九歌出版社
2004年11月，25開，302頁
典藏小說3
長篇小說。本書為鄭清文第一部長篇小說，以一九六〇年代的台灣農村為背景，描寫主角阿福嫂靠著農耕獨力將六個子女撫養成人的故事，呈現一位母親的堅毅與勇敢，也反映早期的農民生活與現實困境。
2004年九歌版重新排版，改為25開。新版復原先前初版送審被新聞處增刪的部分，並於正文前新增編輯部〈出版緣起：享受發現與再發現之旅〉、陳雨航〈編輯引言：因為簡單，可以包含更多——我看《峽地》〉；正文後有鄭清文〈新版後記〉，並附錄作者〈偶然與必然——文學的形成〉、〈《峽地》相關評論索引〉。

校園裡的椰子樹
台北：三民書局
1970年11月，40開，201頁
三民文庫110

台北：三民書局
2005年1月，新25開，223頁
三民叢刊98

短篇小說集。本書以悲劇色彩濃厚的人物為主軸，藉由不同的故事，描寫人在歷經各種挫折、磨難之後的堅韌與樂觀。全書收錄〈二十年──二十年也勉強可算一代〉、〈鯉魚〉、〈天鵝〉、〈門〉、〈理髮師〉、〈會晤〉、〈信〉、〈校園裡的椰子樹〉、〈蛙聲〉九篇文章。

2005年三民版與1970年三民版內容相同，唯重新排版為新25開。

鄭清文自選集
台北：黎明文化公司
1975年12月，32開，274頁
中國新文學叢刊37

短篇小說集。本書為鄭清文自選小說作品之集結。全書收錄〈一對斑鳩〉、〈水上組曲〉、〈又是中秋〉、〈永恆的微笑〉、〈姨太太生活的一天〉、〈校園裏的椰子樹〉、〈天鵝〉、〈秋天的黃昏〉、〈婚約〉、〈蛙聲〉、〈下水湯〉11篇文章。正文前有「素描」、「生活照片」、「手跡」、「年表」；正文後有〈作品書目〉、〈作品評論引得〉。

現代英雄
台北：爾雅出版社
1976年4月，32開，213頁
爾雅叢書12

台北：爾雅出版社
1983年4月，32開，200頁
爾雅叢書12

短篇小說集。本書以寫實的筆法，描繪在時代變遷的環境中，無論成功或失敗的人，都是現代的英雄。全書收錄〈五彩神仙〉、〈苦瓜〉、〈芍藥的花瓣〉、〈龐大的影子〉、〈鐘〉、〈寄草〉、〈父與女〉、〈雷公點心〉、〈黑面進旺之死〉九篇文章。正文前有鄭清文〈自序〉；正文後有洪醒夫〈誠實與含蓄的故事──鄭清文訪問記〉、〈鄭清文寫作年表〉。

1983年爾雅出版社重排新版，更名為《龐大的影子》，正文前新增鄭清文〈四版序〉。

最後的紳士
台北：純文學出版社
1984年2月，32開，334頁
純文學叢書120
短篇小說集。本書藉由回溯台灣社會的歷史敘述，呈現人們在精神上的痛苦，以及人與人之間溝通和互納的困難，並藉由小人物在現實生活中的遭遇，反映台灣社會文化的變遷。全書收錄〈最後的紳士〉、〈秘密〉、〈堂嫂〉、〈玉蘭花〉、〈我要再回來唱歌〉、〈掩飾體〉、〈合歡〉、〈檳榔城〉、〈音響〉、〈婚約〉、〈姨太太生活的一天〉11篇文章。正文前有鄭清文〈創作的信念——代序〉。

局外人
台北：學英出版社
1984年9月，32開，247頁
學英叢書10
短篇小說集。本書主要描寫在時代變遷的過程中，小人物悲歡離合的人生境遇。全書收錄〈雞〉、〈緞帶花〉、〈山難〉、〈黃金屋〉、〈學生姐妹〉、〈三腳馬〉、〈門檻〉、〈雨〉、〈局外人〉、〈師生〉十篇文章。正文前有黃武忠〈風格的創造者——作者印象〉。

大火
台北：時報文化出版公司
1986年4月，32開，270頁
人間叢書27
長篇小說。本書描寫小市民周金生與城市邊緣人物的交流過程，藉由心理及社會的層面去了解人生中的種種問題，進而體認人生真諦。全書分「出獄」、「日日春」、「老闆」、「屋頂花園」、「鹿櫥」、「鴿舍」、「信用狀」、「疊花」、「雨」、「沒有花的季節」、「效勞」、「一年生草木」、「植物園」、「腳環」、「石獅」、「賭咒」、「獄友」、「賽鴿」、「紅燈」、「方太太」、「悲哀的感受」、「百花盛開」、「大火」、「菅芒」24章。

三腳馬／（與李喬、陳映真合著）
台北：名流出版社
1986年8月，新25開，135頁
台灣現代小說選Ⅲ
本書為《三本足の馬》中文本。全書收錄鄭清文〈三腳馬〉、李喬〈小說〉、陳映真〈山路〉三篇文章。正文前有葉石濤〈《台灣現代小說選》序〉；正文後有葉石濤譯、若林正丈著〈現代史沃野初探〉、〈作者介紹〉。

滄桑舊鎮

台北：時報文化出版公司

1987年6月，32開，256頁

人間叢書108

短篇小說集。本書以舊鎮做為故事舞台背景，描寫地方上各形各色小人物的人生際遇。全書收錄〈故里人歸〉、〈死狗放水流〉、〈尫叔〉、〈舊路〉、〈圓仔湯〉、〈割墓草的女孩〉、〈結〉七篇文章。正文前有鄭清文〈大水河畔的童年──代序〉；正文後有〈鄭清文著作目錄〉。

報馬仔

台北：圓神出版社

1987年7月，32開，239頁

圓神叢書39

短篇小說集。本書記錄台灣社會由農業轉為工商業的過程，呈現出時代變遷下商業倫理的運作邏輯與樣貌。全書收錄〈下水湯〉、〈升〉、〈報馬仔〉、〈祖與孫〉、〈不良老人〉、〈大廈〉、〈抖〉、〈餐車上〉、〈煙斗〉九篇文章。正文前有鄭清文〈代序〉。

不良老人／許達然編

香港：文藝風出版社

1990年2月，新25開，203頁

台灣文叢

短篇小說集。全書收錄〈水上組曲〉、〈又是中秋〉、〈天鵝〉、〈故里人歸〉、〈三腳馬〉、〈檳榔城〉、〈最後的紳士〉、〈割墓草的女孩〉、〈不良老人〉、〈報馬仔〉十篇文章。正文前有許達然〈序〉；正文後有〈鄭清文年表簡編〉。

春雨

台北：遠流出版公司

1991年1月，新25開，276頁

小說館45

短篇小說集。本書內容主要描寫男女之間的情感交流，以及人們在現實社會中面臨的煩惱與無奈。全書收錄〈清明時節〉、〈湖〉、〈在高樓〉、〈春雨〉、〈貓〉、〈女司機〉、〈花園與遊戲〉、〈熠熠明星〉、〈焚──紀念慎恕的弟弟〉九篇文章。

合歡

北京：人民文學出版社

1992年2月，25開，374頁

台灣當代名家作品精選集小說系列

短篇小說集。全書收錄〈水上組曲〉、〈校園裡的椰子樹〉、〈天鵝〉、〈二十年〉、〈三腳馬〉、〈檳榔城〉、〈最後的紳士〉、〈割墓草的女孩〉、〈報馬仔〉、〈升〉、〈局外人〉、〈合歡〉、〈結〉13篇文章。正文後附錄〈鄭清文創作年表〉。

相思子花
台北：麥田出版公司
1992年7月，新25開，290頁
麥田文學3

短篇小說集。本書集結作者自1971年至1991年之作品，內容多以日治時期結束末期為創作背景，用懷舊的情緒，描寫當代人無從發洩的精力、情慾及成人世界的悲歡，進而表達對人文的關懷。全書收錄〈相思子花〉、〈秋夜〉、〈髮〉、〈蛤仔船〉、〈睇〉、〈阿春嫂〉、〈轟炮台〉、〈蚊子〉、〈重逢〉、〈來去新公園飼魚〉、〈贖畫記〉、〈死角〉12篇文章。正文前有鄭清文〈序〉。

故里人歸
台北：台北縣立文化中心
1993年6月，25開，181頁
北台灣文學・台北縣作家作品集8

短篇小說集。本書集結作者以故鄉「舊鎮」為創作舞台背景的小說作品，呈現出濃厚的鄉土情懷。全書收錄〈水上組曲〉、〈故里人歸〉、〈最後的紳士〉、〈圓仔湯〉、〈局外人〉、〈蛤仔船〉六篇文章。正文前有尤清〈縣長序〉、劉峰松〈主任序〉、鄭清文〈大水河畔的童年〉、陳垣三〈追尋——論鄭清文的文體〉；正文後有〈鄭清文年表〉。

檳榔城／董炳月編
武漢：長江文藝出版社
1993年10月，新25開，256頁
台灣當代著名作家代表作大系2

短篇小說集。全書收錄〈又是中秋〉、〈天鵝〉、〈下水湯〉、〈檳榔城〉、〈三腳馬〉、〈圓仔湯〉、〈局外人〉、〈蛤仔船〉、〈贖畫記〉、〈焚〉十篇文章。正文前有董炳月〈歷史風俗畫與心靈備忘錄〉、〈鄭清文小傳〉；正文後有〈著作目錄〉。

鄭清文集／林瑞明編
台北：前衛出版社
1993年12月，25開，367頁
台灣作家全集・短篇小說卷／戰後第二代1

短篇小說集。本書為「台灣作家全集」系列之一，全書收錄〈水上組曲〉、〈永恆的微笑〉、〈門〉、〈龐大的影子〉、〈寄草〉、〈黑面進旺之死〉、〈故里人歸〉、〈雞〉、〈三腳馬〉、〈掩飾體〉、〈局外人〉、〈師生〉、〈報馬仔〉、〈春雨〉14篇文章。正文前有鍾肇政〈緒言〉、林瑞明〈以生命的熱情觀察人生——鄭清文集序〉；正文後有陳垣三〈追尋——論鄭清文的文體〉、林瑞明〈描繪人性的觀察家——鄭清文的文字與風格〉、〈鄭清文小說評論引得〉、〈鄭清文生平寫作年表〉。

春雨／幾米繪圖
台北：台灣麥克公司
1998年12月，16開，28頁
大師名作繪本51
本書為鄭清文〈春雨〉單篇的文學繪本，由幾米繪圖。

鄭清文短篇小說選
台北：麥田出版公司
1999年12月，25開，275頁
麥田小說11
短篇小說集。本書以*Three-Legged Horse*為本，將〈校園裡的椰子樹〉一文替換為〈姨太太生活的一天〉更名出版。全書收錄〈水上組曲〉、〈蚊子〉、〈檳榔城〉、〈漁家〉、〈最後的紳士〉、〈秘密〉、〈雷公點心〉、〈秋夜〉、〈春雨〉、〈三腳馬〉、〈髮〉、〈姨太太生活的一天〉12篇文章。正文前有照片二張、鄭清文〈序──桐山環太平洋書卷獎和《三腳馬》〉。

五彩神仙
台北：桂冠圖書公司
2001年2月，48開，143頁
九九文庫16
中、短篇小說集。本書主要描寫社會上小人物的生活故事，以樸實簡單的敘述文字，呈現對現實社會價值觀的嘲諷以及對女性命運的悲憐。全書收錄〈五彩神仙〉、〈鐘〉、〈寄草〉、〈雷公點心〉、〈焚──紀念慎恕的弟弟〉五篇文章。正文前有鄭清文〈序：好像多出一朵花〉；正文後有〈鄭清文年表〉。

樹梅集
台北：台北縣文化局
2002年12月，25開，292頁
北台灣文學第8輯‧台北縣作家作品集58
短篇小說集。全書收錄〈小星星〉、〈貓咪貓咪〉、〈騙子〉、〈人與狗〉、〈驪歌〉、〈險路〉、〈誤會〉、〈攣生姊妹〉、〈仙桃〉、〈霧〉、〈早晨的公園〉、〈抖〉、〈大廈〉、〈毒藥〉、〈春雷〉、〈請客〉、〈水仙花球〉、〈償〉18篇文章。正文前有蘇貞昌〈縣長序〉、潘文忠〈局長序〉、鄭清文〈編輯導言〉；正文後有〈鄭清文寫作年表〉。

舊金山──一九七二
台北：一方出版公司
2003年2月，25開，239頁
一方文學17
長篇小說。本書藉由旅美的經歷，以1972年的三藩市為故事背景，敘述一位旅美的女留學生林秀枝，因文化與環境的差異而產生的思想衝擊，並述及當時台灣在敏感的政治環境下的百姓遭遇。全書分為「萍水」、「火警」、「唐人街」、「蟑螂」、「金門橋」、「史丹福」、「一九七四的美國學校」、「約賽米堤」、「天體營」、「祖母之死」十章。正文後有鄭清文〈後記〉，並附錄鄭清文〈旅美雜感〉。

玉蘭花：鄭清文短篇小說選2
台北：麥田出版‧城邦文化公司
2006年6月，25開，247頁
麥田文學198
短篇小說集。本書以女性的故事為主軸，描繪台灣女性在各世代的社會中，多面向的生命圖像及堅毅無懼的性格。全書收錄〈玉蘭花〉、〈龐大的影子〉、〈阿春嫂〉、〈女司機〉、〈我要再回來唱歌〉、〈堂嫂〉、〈局外人〉、〈蛤仔船〉、〈相思子花〉、〈來去新公園飼魚〉、〈贖畫記〉、〈夜的聲音〉、〈放生〉13篇文章。正文前有林鎮山、蘿司‧史丹福〈香花與福爾摩沙──鄭清文的台灣女性小說〉。

青椒苗：鄭清文短篇小說選3
台北：麥田出版‧城邦文化公司
2012年9月，25開，299頁
麥田文學260
短篇小說集。本書以簡潔的筆法描繪台灣土地的變化，勾勒出不同世代人物的生活輪廓。全書收錄〈屋頂上的菜園〉、〈土石流〉、〈貓藥〉、〈中正紀念堂命案〉、〈收集者〉、〈狼年記事〉、〈青椒苗〉、〈大和撫子〉八篇文章。正文後有鄭清文〈後記〉。

| 兒童文學 |

新莊──失去龍穴的城鎮
台中：台灣省教育廳
1983年4月，20.5×17公分，57頁
中華兒童叢書

台北：新莊社區大學
2015年11月，19.5×21公分，68頁
簡文仁繪圖

本書以淺顯易懂的文字與說故事的形式，敘述新莊的開發過程、環境變遷、風俗民情等歷史風貌。
2015年新莊社區大學版：更名為《新莊往事──失去龍穴的城鎮》，為繪本版。正文前有鄭清文〈新版序──想念那一片沙灘〉、簡文仁〈繪者序──新莊有我的家族記憶〉。

燕心果╱何華仁繪圖
台北：號角出版社
1985年3月，32開，202頁
號角叢書45

台北：自立晚報社
1993年2月，25開，186頁
酢漿草童書3
劉伯樂繪圖

台北：玉山社出版公司
2000年4月，25開，170頁
本土新書45
劉伯樂繪圖
本書為作者第一本童話創作集，藉由擬人化的手法，及對動物的描寫，來闡述其想法、觀念及對人性的暗喻，表現了作者對鄉土的熱愛與生命的關懷。全書收錄〈荔枝樹〉、〈鬼姑娘〉、〈紅龜粿〉等19篇文章。正文前有李喬〈序——成長的寓言〉。
1993年自立版重新排版，改為25開，正文後新增作者〈後記〉，李喬〈成長的寓言——序《燕心果》〉改至正文後。
2000年玉山社版：正文後新增鄭清文〈後記（玉山社版）〉。

沙灘上的琴聲╱陳建良繪圖
台北：英文雜誌社
1998年6月，16開，28頁
精湛兒童之友月刊第5期
本書透過白鯨在沙灘上不惜失去生命，只為讓下一代聆聽琴聲的故事，傳達人與自然共處的生態保育觀念。

天燈‧母親
台北：玉山社出版公司
2000年4月，25開，210頁
本土新書46
本書透過11指少年阿旺的成長記事，來敘述作者兒時住在舊鎮大水河畔及桃園農村生活的過往經歷，呈現早期農村風貌及不受成人規範的童年世界。全書收錄〈春天‧早晨‧斑甲的叫聲〉、〈初夏‧夜‧火金姑〉、〈夏天‧午後‧紅蜻蜓〉、〈初秋‧大水‧水豆油〉、〈初冬‧老牛‧送行的隊伍〉、〈寒冬‧天燈‧母親〉六篇文章。正文後有陳玉玲〈導讀：論鄭清文的《天燈‧母親》〉、鄭清文〈後記〉。

春風新竹╱林芬名繪圖
台北：教育部兒童讀物出版會
2001年6月，19×21公分
中華兒童叢書
本書以淺顯易懂的文字與說故事的形式，敘述新竹的開發過程、環境變遷、風俗民情等歷史風貌。

採桃記
台北：玉山社出版公司
2004年8月，25開，248頁
本土新書91
本書敘述一群上山採桃的孩子，在路途中睡著而進入夢鄉的夢境故事。作者透過11個孩子的身分描述11個夢境故事，將故事與台灣的風土文化、動植物生態結合，展現對大自然的熱愛與關懷。全書收錄〈雷雨〉、〈臭青龜子〉、〈憨猴搬石頭〉、〈台灣黑熊〉、〈萬寶山〉、〈金螞蟻〉、〈樹靈碑〉、〈（魚桀）魚故鄉〉、〈蛇太祖媽〉、〈水晶宮〉、〈麗花園〉、〈魔神仔〉、〈雨後天晴〉13篇文章。正文前有李喬〈序：童話新境、生命新景〉；正文後有鄭清文〈後記：採桃記〉。

三腳馬／許俊雅策劃導讀；唐壽南繪圖
台北：遠流出版公司
2006年2月，25開，112頁
台灣小說・青春讀本9
本書以〈三腳馬〉一文為主軸，搭配彩色插圖並結合文史資料，展現〈三腳馬〉的創作背景與歷史思維。正文前有許俊雅〈總序〉；正文後有〈鄭清文創作大事記〉、許俊雅導讀〈凝視生命的真實〉。

丘蟻一族
台北：玉山社出版公司
2009年6月，25開，231頁
本土新書106
本書以丘蟻為主角，描寫丘蟻一族的災難與遭遇，暗喻台灣社會的現實問題，形成充滿警世意味的寓言故事。全書收錄〈丘蟻一族〉、〈天馬降臨〉二篇文章。正文前有鄭谷苑〈序：變形願望〉。

紙青蛙：鄭清文精選集／林文寶主編；黃郁軒繪圖
台北：九歌出版社
2010年4月，25開，230頁
新世紀少兒文學家1
本書精選作者短篇小說作品，內容主要為描寫少年、兒童的生活與升學制度等議題的探討，表現對日治時期、太平洋戰爭結束前後及當下的青少年兒童處境的關注。全書收錄〈一對斑鳩〉、〈睏〉、〈下水湯〉、〈雞〉、〈檳榔城〉、〈門檻〉、〈割墓草的女孩〉、〈貓〉、〈紙青蛙〉、〈童伴〉十篇文章。正文前有林文寶〈編選前言〉與〈推薦鄭清文：描寫台灣城鄉風土〉、鄭清文〈與小讀者談心：水庫的水源〉；正文後附錄〈鄭清文少兒文學著作一覽表〉。

| 合集 |

鄭清文短篇小說全集／王德威、李喬、李瑞騰、梅家玲、許素蘭、陳芳明、齊邦媛編
台北：麥田出版公司
1998年6月，25開
共七冊，第一～六冊收錄作者小說作品，各冊正文前皆收錄一篇由全集編輯委員所著之「專文評介」，除詳細介紹作者之作品，也表現了評論家對作者的獨到見解；第七冊為別卷，收錄作者之短論、雜文，並精選數篇文學評論家對作者作品之論述及訪問紀錄。

鄭清文短篇小說全集1——水上組曲
台北：麥田出版公司
1998年6月，25開，327頁
本書集結作者以鄉土農村為寫作背景，且將傳統與現代化的轉變衝突作為創作主題之作品。全書收錄〈寂寞的心〉、〈漁家〉、〈我的「傑作」〉、〈一對斑鳩〉、〈水上組曲〉、〈永恆的微笑〉、〈又是中秋〉、〈吊橋〉、〈姨太太生活的一天〉、〈苦瓜〉、〈黑面進旺之死〉、〈清明時節〉、〈湖〉、〈在高樓〉14篇文章。正文前有齊邦媛〈新莊、舊鎮、大水河——鄭清文短篇小說和台灣的百年滄桑〉、李喬〈舊鎮的椰子樹——序鄭清文全集〉。

鄭清文短篇小說全集2——合歡
台北：麥田出版公司
1998年6月，25開，308頁
本書集結作者以倫理關係為描寫主題的作品，內容敘述人在面對日常生活中最尋常的生活倫理與道德界線所產生的種種感情糾葛。全書收錄〈龐大的影子〉、〈睇〉、〈婚約〉、〈轟砲台〉、〈下水湯〉、〈故里人歸〉、〈蚊子〉、〈重逢〉、〈雞〉、〈女司機〉、〈音響〉、〈合歡〉12篇文章。正文前有王德威〈「聽香」的藝術——評鄭清文短篇小說全集《合歡》〉。

鄭清文短篇小說全集3——三腳馬
台北：麥田出版公司
1998年6月，25開，302頁
本書內容包含作者對人性探索、故鄉描寫、對歷史人物描述和對社會的關懷等主題之創作，反映了作者對人生的觀察及其創作美學。全書收錄〈我要再回來唱歌〉、〈黃金屋〉、〈結〉、〈檳榔城〉、〈三腳馬〉、〈掩飾體〉、〈門檻〉、〈花園與遊戲〉、〈舊路〉九篇文章。正文前有陳芳明〈英雄與反英雄崇拜——論鄭清文的短篇小說〉。

鄭清文短篇小說全集4——最後的紳士
台北：麥田出版公司
1998年6月，25開，308頁

本書集結作者感時追往之作，經由書寫回憶，揭露過往時空中的人性弱點，也批判現代社會的缺陷，並藉此描寫女性在平凡生活中的掙扎與痛苦，表現出莫測多變的情理。全書收錄〈堂嫂〉、〈祕密〉、〈最後的紳士〉、〈圓仔湯〉、〈局外人〉、〈師生〉、〈升〉、〈割墓草的女孩〉、〈死角〉、〈焚——紀念慎恕的弟弟〉十篇文章。正文前有梅家玲〈時間・女性・敘述——小說鄭清文〉。

鄭清文短篇小說全集5——秋夜
台北：麥田出版公司
1998年6月，25開，298頁

本書主要為對自然的描述、對鄉土的熱愛與對現實的批判，作者利用自身曾經身處鄉村與都市的雙重經驗，記錄台灣兩個世代的生命圖景。全書收錄〈不良老人〉、〈熠熠明星〉、〈貓〉、〈報馬仔〉、〈髮〉、〈蛤仔船〉、〈來去新公園飼魚〉、〈秋夜〉、〈相思子花〉、〈春雨〉、〈贖畫記〉11篇文章。正文前有許素蘭〈發現鄭清文的台灣小說〉。

鄭清文短篇小說全集6——白色時代
台北：麥田出版公司
1998年6月，25開，294頁

本書收錄作者一九九〇年代作品，內容包含社會、利益、情感的衝突與人性的墮落，作者藉筆下人物批判現代社會的進步與混亂，並批評國民政府迫遷來台後，對台灣政治力所造成的悲劇與劫難，呈現作者對1997年以前台灣社會的觀察。全書收錄〈咖啡杯裏的湯匙〉、〈元宵後〉、〈皇帝魚的二次災厄〉、〈花枝、茉草、蝴蝶蘭〉、〈五色鳥的哭聲〉、〈楓樹下〉、〈夜的聲音〉、〈一百年的詛咒〉、〈白色時代〉、〈舊書店〉、〈放生〉、〈鬥魚〉12篇文章。正文前有李瑞騰〈衝突：化解，或者更形惡化——我讀鄭清文近期小說〉。

鄭清文短篇小說全集別卷——鄭清文和他的文學
台北：麥田出版公司
1998年6月，25開，273頁

本書主要內容有二：一為文學評論家對鄭清文小說作品的評論及採訪鄭清文的訪問紀錄，二為作者本身所著之文學短論和雜憶及鄭清文為書撰寫的序文。全書分為「評論選錄」、「文學短論和雜憶」二部分，收錄彭瑞金〈大王椰子——二十年來的鄭清文〉、陳垣三〈追尋——論鄭清文的文體〉、黃武忠〈風格的創造者——鄭清文印象〉、林瑞明〈悲憫與同情——鄭清文的小說主題〉等31篇文章。正文前有照片集、鄭清文手稿、鄭清文序〈偶然與必然——文學的形成〉；正文後有〈鄭清文小說評論索引〉、〈鄭清文寫作年表〉、〈鄭清文著作年表〉、〈一～六卷目次總覽〉。

精神分裂歷程
高雄：文皇出版社
1974年7月，32開，147頁

台北：敦理出版社
1986年5月，32開，147頁
本書由西丸四方原著，鄭清文以筆名「莊園」翻譯。
1986年敦理版：更名為《青澀的孤影：精神分裂歷程》
重新出版。

可愛的女人
台北：志文出版社
1975年12月，32開，243頁
新潮文庫121
短篇小說集。本書由契訶夫原著。全書收錄〈歌女〉、〈胸針〉、〈吻〉、
〈貞操〉、〈醫生〉、〈小官吏之死〉、〈變色龍〉、〈父親〉、〈瓦尼
卡〉、〈未婚妻〉、〈可愛的女人〉、〈六號病房〉12篇文章；〈可愛的女
人〉後有托爾斯泰〈評〈可愛的女人〉〉。正文前有鄭清文〈譯者的話〉、編
輯部〈關於契訶夫其人及其作品〉；正文後有〈契訶夫年譜〉。

永恆的戀人──尤金・奧尼金
台北：志文出版社
1977年6月，32開，193頁
新潮文庫156
長篇小說。本書由普希金原著。內容藉一對青年男女的戀情與命運，描繪十九
世紀初期的俄羅斯社會。正文前有鄭清文〈代譯序：普希金的生平與歐涅
金〉；正文後有〈普希金年譜〉。

婚姻生活的幸福
台北：志文出版社
1978年3月，32開，210頁
新潮文庫179
中、短篇小說集。本書由托爾斯泰原著。全書收錄〈婚姻生活的幸福〉、〈三
個死〉、〈天網恢恢〉、〈可爾芮・瓦西列夫〉、〈舞會後〉五篇文章。正文
前有鄭清文〈代譯序：托爾斯泰的一生〉；正文後有〈托爾斯泰年譜〉。

夏目漱石
台北：光復書局
1987年11月，13.5×21.5公分，178頁
當代世界小說家讀本21
長篇小說。本書收錄夏目漱石原著之《草枕》。正文前有林春輝〈寫在發行之前〉、李永熾〈展示日本文學的多樣性〉、鄭清文〈超越世俗的《草枕》境界〉、李永熾〈夏目漱石和他的作品〉、李永熾〈年表〉；正文後有古田島洋介〈夏目漱石《草枕》賞析〉。

生活與人生
台北：純文學出版社
1988年9月，32開，263頁
純文學叢書150
本書由鄭清文編譯，內容為赫曼‧赫塞作品中文句、詩句之摘錄，以此結集呈顯赫曼‧赫塞的哲思與智慧。正文前有編輯部〈大文豪的智慧〉；正文後有鄭清文〈赫塞的生平、著作及思想〉。

荒野之狼
台北：光復書局
1988年9月，21×27公分，151頁
新編世界兒童文學全集11
本書由傑克‧倫敦原著。

毛希康族的末日
台北：光復書局
1988年9月，21×27公分，151頁
新編世界兒童文學全集24
本書由庫巴原著。

獅王李察
台北：光復書局
1988年9月，21×27公分，151頁
新編世界兒童文學全集25
本書由沃爾特‧史考特原著。

鄭清文作品外譯目錄

◆ 文訊編輯部

| 單部作品 |

阿里山の神木──台湾の創作童話／岡崎郁子編譯
東京：研文出版社
1993年5月，32開，258頁
研文選書53
本書為日譯選集，文章選自《燕心果》一書。全書收錄〈燕心果〉、〈モチ〉、〈阿里山の神木〉等15篇文章。正文前有鄭清文〈日本語訳の出版によせて〉；正文後有岡崎郁子〈台湾文学に童話の新風──鄭清文の世界〉、〈鄭清文著作目錄〉。

Three-Legged Horse／齊邦媛（Pang-Yuan Chi）編
New York：Columbia University Press
1999年，新25開，225頁
Modern Chinese Literature from Taiwan
短篇小說集。本書為鄭清文小說作品英譯選集，題名取自短篇小說〈三腳馬〉。全書收錄 "The River Suite"、"The Mosquito"、"Betel Nut Town"、"A Fisherman's Family"、"The Last of the Gentlemen"、"Secrets"、"God of Thunder's Gonna Getcha"、"Autumn Night"、"Spring Rain"、"The Three-Legged Horse"、"Hair"、"The Coconut Palms on Campus" 12篇文章。正文前有齊邦媛 "Foreword"、"Acknowledgments"。

Magnolia: Stories of Taiwanese Women／林鎮山（Jen-Shann Lin）、蘿司・史丹福（Lois Stanford）譯
Santa Barbara：Center for Taiwan Studies, University of California
2005年，25開，275頁
Taiwan Writers Translation Series
短篇小說集。本書為鄭清文小說作品英譯選集，題名取自短篇小說〈玉蘭花〉。全書收錄 "Magnolia"、"The Huge Shadow"、"Ah-ch'un's Wife"、"The Woman Taxi Driver"、"I Want to Come Back to Sing Again"、"My Cousin's Wife"、"The Outsider"、"Clam Boat"、"Acacia Flowers"、"Let's Go to New Park to Feed the Fish"、"Redeeming A Painting"、"Sounds at Night"、"To Set Lives Free" 13篇文章。正文前有 "Foreword"、"Introduction"、"Acknowledgments"。

丘蟻一族／西田勝譯
東京：法政大學出版局
2013年9月，25開，224頁

本書為《丘蟻一族》日文版，以丘蟻為主角，描寫丘蟻一族的災難與遭遇，暗喻台灣社會的現實問題，形成充滿警世意味的寓言故事。全書收錄〈丘蟻一族〉、〈天馬降臨〉兩篇文章。正文前有〈作者紹介〉；正文後有鄭清文演講稿〈なぜ童話を書くのか〉、西田勝〈訳者あとがき〉。

｜ 單篇作品 ｜

〈檳榔城〉

- "Betel Nut Town." Trans. James R. Landers（藍瞻梅）. In *The Chinese P.E.N.*, Winter 1983, pp. 26-44.
- "Betel Palm Village." Trans. Charles Hartman. In Joseph S. M. Lau（劉紹銘）ed., *The Unbroken Chain: An Anthology of Taiwan Fiction since 1926*. Bloomington: Indiana University Press, 1983, pp. 74-84.

〈三腳馬〉

- 〈三本足の馬〉，中村ふじろ譯，收入松永正義等譯《三本足の馬：台湾現代小説選Ⅲ》，東京：研文出版社，1985年4月，頁1-49。
- "The Three-legged Horse." Trans. Carlos G. Tee（鄭永康）. In *The Chinese P.E.N.*, Winter 1995, pp. 18-52.
- 〈흰코더구리〉，收入金良守編譯《대만현대소설선1——흰코너구리》，首爾：東國大學出版部，2009年，頁17-60。
- "Le Cheval à Trois Jambes." Trans. Angel Pino and Isablle Rabut. In Angel Pino and Isablle Rabut, eds., *Le Cheval à Trois Jambes——et autres nouvelles taïwanaises traduites du chinois*. Paris: You Feng, 2016, pp.151-196.

〈最後的紳士〉

- "The Last of the Gentlemen." Trans. Chen I-djen（陳懿貞）. In *The Chinese P.E.N.*, Summer 1986, pp. 1-30.
- "Der letzte Gentleman." Trans. Almut Richter. In Kuo Heng-yü（郭恒鈺）ed., *Der ewige Fluß: Chinesische Erzählungen aus Taiwan*. München: Minerva Publikation, 1986, pp. 147-171.

〈髮〉

- "Braids." Trans. Joseph R. Allen（周文龍）. In *Renditions*, No. 35 & 36 (Spring & Autumn 1991), pp. 53-64.
- "Hair." Trans. Karen Steffen Chung（史嘉琳）. In *The Chinese P.E.N.*, Summer 1996, pp. 55-73.

〈春雨〉

- "Spring Rain." Trans. Karen Steffen Chung. In *The Chinese P.E.N.*, Autumn 1995, pp. 39-56.
- "Jarní Deště." Trans. Lucie Olivová（包捷）. In Lucie Olivová and Lin Shi Yi, eds., *Chuť Jablek: Moderní Tchajwanské Povídky*. Praha: Brody, 2006, pp. 295-312.

〈燕心果〉

- "The Swallow's Heart Berry." Trans. Robert Backus（拔苦子）. In *Taiwan Literature: English Translation Series*, No. 10 (December 2001), pp. 9-14.
- "The Swallow's Heart Berry." Trans. Robert Backus. In Kuo-ch'ing Tu（杜國清）and Robert Backus, eds., *Children's Stories from Taiwan*. Santa Barbara: Center for Taiwan Studies, University of California, 2005, pp. 19-36.

〈鹿角神木〉

- "The Miraculous Antler Tree." Trans. John A. Crepsi. In *Taiwan Literature: English Translation Series*, No. 10 (December 2001), pp. 15-20.
- "The Miraculous Antler Tree." Trans. John A. Crepsi. In Kuo-ch'ing Tu and Robert Backus, eds., *Children's Stories from Taiwan*. Santa Barbara: Center for Taiwan Studies, University of California, 2005, pp. 1-18.

〈火雞與孔雀〉

- "The Turkeys and the Peacocks." Trans. William A. Lyell（賴威廉）. In *Taiwan Literature: English Translation Series*, No. 10 (December 2001), pp. 21-32.
- "The Turkeys and the Peacocks." Trans. William Lyell. In Kuo-ch'ing Tu and Robert Backus, eds., *Children's Stories from Taiwan*. Santa Barbara: Center for Taiwan Studies, University of California, 2005, pp. 37-72.

〈紅龜粿〉

- "Red Turtle Pastries." Trans. Terence C. Russell（羅德仁）. In *Taiwan Literature: English Translation Series*, No. 10 (December 2001), pp. 33-42.
- "Red Turtle Pastries." Trans. Terence C. Russell. In Kuo-ch'ing Tu and Robert Backus, eds., *Children's Stories from Taiwan*. Santa Barbara: Center for Taiwan Studies, University of California, 2005, pp. 73-106.

其他單篇作品

- 〈芍藥のびら〉，吳瀛濤譯，載於《今日之中國》第1卷第5號，1963年10月，頁45-48。（〈芍藥的花瓣〉）
- "The River Suite." Trans. Lien-ren Hsiao（蕭廉任）. In *The Chinese P.E.N.*, Spring 1974, pp. 5-31.（〈水上組曲〉）
- "The Mosquito." Trans. Anne Behnke（司馬安）. In *The Chinese P.E.N.*, Winter 1978, pp. 68-81.（〈蚊子〉）
- "A Fisherman's Family." Trans. Jane Parish Yang（白珍）. In *The Chinese P.E.N.*, Autumn 1984, pp. 72-79.（〈漁家〉）
- "Secrets." Trans. Jeffrey Toy Eng（蔡偉民）. In *The Chinese P.E.N.*, Spring 1990, pp. 13-39.（〈祕密〉）
- 〈カエルの折り紙〉，岡崎郁子譯，載於《ふぉるもさ》第2號，1993年3月，頁52-59。（〈紙青蛙〉）

- "God O's Thunder's Goin' to Getya." Trans. Nicholas Koss（康士林）. In *The Chinese P.E.N.*, Summer 1993, pp. 23-36.（〈雷公點心〉）
- "Autumn Night" Trans. Michelle Wu（吳敏嘉）. In *The Chinese P.E.N.*, Autumn 1994, pp. 30-49.（〈秋夜〉）
- "The White Period." Trans. Sara Neswald（林思果）. In *Taiwan Literature: English Translation Series*, No.1 (August 1996), pp. 18-33.（〈白色時代〉）
- "Day after Lantern Festival." Trans. Carlos G. Tee. In *The Chinese P.E.N.*, Autumn 1997, pp. 18-42.（〈元宵後〉）
- "The Social Significance and Artistic Quality of Literary Works." Trans. Robert Backus. In *Taiwan Literature: English Translation Series*, No. 5 (June 1999), pp. 3-6.（〈文學作品的社會性與藝術性〉）
- "Sea Sleeve, Mustard Grass, Butterfly Orchid." Trans. John Crepsi. In *Taiwan Literature: English Translation Series*, No. 6 (December 1999), pp. 13-28.（〈花枝、末草、蝴蝶蘭〉）
- "A Day in the Life of a Mistress." Trans. Carlos G. Tee. In *The Chinese P.E.N.*, Winter 2000, pp. 3-34.（〈姨太太生活的一天〉）
- "Mudslide." Trans. Sylvia Li-chun Lin（林麗君）. In *The Chinese P.E.N.*, Autumn 2001, pp. 17-37.（〈土石流〉）
- "Children Literature and I." Trans. William A. Lyell. In *Taiwan Literature: English Translation Series*, No. 10 (December 2001), pp. 85-88.（〈童話和我〉）
- 〈私の戦争体験〉，載於《植民地文化研究》第1號，2002年6月，頁180-188。（〈我的戰爭經驗〉）
- "I Want to Come Back to Sing Again." Trans. Jenn-Shann Jack Lin and Lois Stanford. In *Taiwan Literature: English Translation Series*, No.11 (July 2002), pp. 41-50.（〈我要再回來唱歌〉）
- "Snaja." Trans. Čang Sjanghua（張香華）. In *Zalazak Sunca——Izbor iz savremene kineske kratke priče*. Beograd: Plato, 2002, pp.233-243.（〈堂嫂〉）
- "Spring, Morning, and the Cry of the Spotted-Neck Doves." Trans. Rosemary Haddon（哈玫麗）. In *Taiwan Literature: English Translation Series*, No.22 (January 2008), pp. 29-44.（〈春天·早晨·斑甲的叫聲〉）
- "Redeeming a Painting." Trans. Jenn-Shann Lin and Lois Stanford. In Maurice A. Lee（李慕思）ed., *The Border as Fiction: Writers of Taiwan*. Toronto: Quattro Books Inc., 2010, pp. 117-135.（〈贖畫記〉）
- 〈鋼製ワイヤロープの高度——李喬文学の達成〉，三木直大譯，載於《植民地文化研究》第10號，2011年7月，頁213-222。（〈鋼索的高度——李喬的文學成就〉）

鄭清文評論資料目錄

◆ 文訊編輯部

生平、作品評論專書與學位論文

專書

鄭清文 鄭清文短篇小說全集·鄭清文和他的文學 台北 麥田出版公司 1998年6月 281頁

本書為《鄭清文短篇小說全集》別卷。全書分兩個部分：1.「評論選錄」共10篇：彭瑞金〈大王椰子——二十年來的鄭清文〉、陳垣三〈追尋——論鄭清文的文體〉、黃武忠〈風格的創造者——鄭清文印象〉、林瑞明〈悲憫與同情——鄭清文的小說主題〉、郭明福〈冰尖下的人生真相〉、方瑜〈抉擇與承擔——試論鄭清文的《現代英雄》〉、王德威〈鄉愁以外的智慧——評鄭清文的《相思子花》〉、許俊雅〈啟蒙之旅——談鄭清文的少年小說〈紙青蛙〉〉（附錄／紙青蛙）、鄭清文講；洪醒夫採訪整理〈誠實與含蓄的故事——鄭清文訪問記〉、鄭清文講；王文伶採訪整理〈靜裡尋真，樸處見美——訪鄭清文先生〉；2.「文學短論和雜憶」共19篇：〈大水河畔的童年〉、〈一張照片，許多故事〉、〈終戰前後，我的台北記憶〉、〈畫圓圈——《龐大的影子》四版序〉、〈創作的信念——《最後的紳士》自序〉（附錄／尋找自己、尋找人生）、〈《報馬仔》自序〉、〈作家的素質〉、〈個人的力量〉、〈演員和明星〉、〈樸實的風格〉、〈由小奠基〉、〈文學的路不只一條〉、〈平衡的境界〉、〈藝術的極限〉、〈性與文學〉、〈捏黏土〉、〈我的文學觀〉、〈氣質〉、〈渡船頭的孤燈——台灣文學的堅守精神〉。正文前有〈序：偶然與必然——文學的形成〉，正文後附錄〈鄭清文小說評論索引〉、〈鄭清文寫作年表〉、〈鄭清文著作年表〉、〈一～六卷目次總覽〉。

李進益 繼承與創新——論鄭清文的文學世界 台北 致良出版社 2004年3月 355頁

本書全面探討鄭清文的文學歷程、長短篇小說的藝術思想及文藝批評的成就。全書共9章：1.緒論；2.文學的路不只一條——論鄭清文的文學歷程；3.尋找自我，尋找人生——論鄭清文長篇小說《大火》與存在主義；4.台灣的心——論鄭清文長篇小說《舊金山——1972》；5.沒有創新，那來繼承——論鄭清文〈花園與遊戲〉的現代主義精神；6.一粒米，八十八——論鄭清文小說中的老人形象；7.樸實的風格——論鄭清文小說語言的特色；8.責難與鼓勵——論鄭清文的文藝批評；9.生活，藝術和思想——論鄭清文小說的藝術思想。

江寶釵，林鎮山主編 樹的見證——鄭清文文學論集 台北 麥田出版公司 2007年3月 293頁

本書收錄「鄭清文國際學術研討會」部分論文，內容涵蓋鄭清文小說、童話、評論、以及鄭清文文學翻譯等各種面相。全書共17篇：1.鄭清文〈樹的見證——寫在鄭清文國際學術研討會之前〉；2.江寶釵〈聖塔芭芭拉夜未眠——《鄭清文文學論集》編序〉；3.林鎮山〈聲音與驚怕——〈夜的聲音〉與〈來去新公園飼魚〉中的等待與牽掛〉；4.蔡振念〈鄭清文短篇小說中異化的現代英雄〉；5.陳國偉〈被訴說的歷史主體——鄭清文的小說「物體」系〉；6.趙洪善〈〈姨太太生活的一天〉的敍述策略〉；7.許素蘭〈走出簸箕谷，走向廣闊的世界——論鄭清文小說中的「山谷」意

象及其變衍〉；8.李進益〈一首台灣農村的贊歌——論鄭清文長篇小說《峽地》〉；9.T.C. Russell〈〈紅龜粿〉——鄭清文在鬼世界的正義使者〉；10.岡崎郁子〈鄭清文的創作童話——從孤兒意識與生態保護的觀點論起〉；11.徐錦成〈重探鄭清文童話的爭議——以「幻想性」、「兒童性」為討論中心〉；12.邱子修〈翻譯中的盲點——試探《春雨》英譯的幾個問題〉；13.江寶釵，羅林（J.B. Rollins）〈論英譯鄭清文小說選《玉蘭花》的閱讀與文化介入〉；14.松浦恆雄〈關於台灣文學在日本的翻譯〉；15.金良守〈鄭清文〈三腳馬〉裡的殖民地記憶〉；16.鄭德昌〈談談鄭清文的《小國家大文學》概念〉；17.林鎮山〈多元的聲音——《鄭清文文學論集》代跋〉。正文後附錄〈鄭清文生平年表〉、〈鄭清文著作年表〉。

徐錦成　鄭清文童話現象研究——台灣文學史的思考　台北　秀威資訊科技公司　2007年8月　206頁

本書為學位論文出版，透過對鄭清文童話的研究，提示「成人文學」（主流文學）與兒童文學接軌的必要。全書共6章：1.緒論；2.鄭清文童話發展歷程：1977-2006；3.成人童話——鄭清文童話的爭議焦點；4.鄉土文學——鄭清文童話的鄉土情懷；5.本土色彩——鄭清文童話的政治意識；6.結論。正文前有馬森〈序〉、岡崎郁子〈序〉、〈前言〉，正文後附錄〈台灣童話發展年表：1977-2006〉、〈後記〉。

鄭谷苑　走出峽地——鄭清文的人生故事　台北　麥田出版公司　2007年12月　245頁

本書以鄭清文生命以及生活中的重要事件，依時間分為11個段落，並敍述鄭清文的想法與經歷。正文共11章：1.懵懂時期——童年記事、初中與終戰；2.青澀的歲月——文學的啟蒙時期；3.社會的試煉——畢業與就業；4.另一條道路——大學生活與開始寫作；5.習作與轉變——工作，家庭，與創作；6.創作初期——故鄉與自我；7.創作中期——8歲至88歲的童話；8.文學與文化的一些看法；9.寫作與得獎；10.現代英雄——對傳統的反叛；11.所謂美食家——五彩神仙。正文前有〈序曲——大王椰子的風景〉，正文後有〈結語——謙卑的收集者〉，附錄丁士欣〈我的阿公〉。

真理大學麻豆校區語文學院台灣文學系　第十三屆台灣文學家牛津獎暨鄭清文文學學術研討會資料彙集　台北　真理大學人文學院台灣文學系　2009年12月　182頁

本書為2009年11月28日舉辦之研討會論文彙集。全書共10篇論文：1.李喬〈鄭清文文學版圖與入口〉；2.李進益〈鄭清文小說中的女性〉；3.蔡易澄〈鄭清文家庭倫理的建立——從短篇小說中的「外遇」談起〉；4.錢鴻鈞〈從鄭清文、鍾肇政往來書簡看兩人的為人與文風〉；5.陳坤琬〈回憶的重量——論鄭清文〈三腳馬〉與〈蛤仔船〉〉；6.李魁賢〈談《丘蟻一族》〉；7.許素蘭〈小論鄭清文近作〈大和撫子〉〉；8.馬靖雯〈鄭清文童話中的政治寓言初探〉；9.顧敏耀〈鄭清文〈春雨〉的互文性演繹／衍異——從小說原著到繪本與電視劇〉；10.聶雅婷〈局內？或者局外？——讀鄭清文的《局外人》〉。正文前有〈台灣文學家牛津獎‧獎詞〉、馬靖雯〈不停說故事的人——鄭清文〉、馬靖雯編〈鄭清文‧文學之路〉，正文後有〈頒獎及大會照片〉、〈捐款芳名〉、〈人員資料〉、〈執行工作小組〉、〈資料彙集〉。

李進益編選　臺灣現當代作家研究資料彙編‧鄭清文　台南　國立台灣文學館　2012年3月　460頁

本書蒐集、整理鄭清文生平資料及相關研究文獻，並由編選者李進益撰文，綜述鄭清文及其文學研究的面向與成果。全書共五輯：1.圖片集；2.生平及作品；3.研究綜述；4.重要評論文章選刊；5.研究評論資料目錄。其中，「重要評論文章選刊」共29篇：鄭清文〈尋找自己、尋找人生〉、鄭清文〈樹的見證——寫在鄭清文國際學術研討會之前〉、楊錦郁〈生活‧藝術及思想——鄭清文談

小説經驗〉、鄭清文〈冰山底下的大水河——從《簸箕谷》到《採桃記》〉、林海音〈認真的，誠懇的〉、鍾肇政〈鄭清文和他的《簸箕谷》〉、葉石濤〈論鄭清文小説裡的「社會意識」〉、齊邦媛〈新莊、舊鎮、大水河——鄭清文短篇小説和台灣的百年滄桑〉、李喬〈舊鎮的椰子樹——序《鄭清文全集》〉、陳垣三〈追尋——論鄭清文的文體〉、董保中〈誰是鄭清文？〉、彭瑞金〈大王椰子——二十年來的鄭清文〉、許素蘭〈走出簸箕谷・走向廣闊的世界——論鄭清文小説中的「山谷」意象及其變衍〉、陳芳明〈英雄與反英雄崇拜——論鄭清文的短篇小説〉、王德威〈「聽香」的藝術——評鄭清文短篇小説全集《合歡》〉、岡崎郁子〈鄭清文——為台灣文學啟開創作童話的新頁〉、陳玉玲〈農村的烏托邦——鄭清文的童話空間〉、梅家玲〈時間・女性・敍述——小説鄭清文〉、李瑞騰〈衝突：化解，或者更形惡化——我讀鄭清文近期小説〉、楊照〈台灣鄉下人的本色——閱讀鄭清文的小説〉、李奭學〈渡船頭的孤燈——評《鄭清文短篇小説全集》〉、賴松輝〈「冰山理論」與鄭清文的創作觀〉、徐錦成〈寫給台灣兒童的蟲魚鳥獸交響詩——評鄭清文《採桃記》〉、鄭谷苑〈給八歲到八八歲的讀者——從童話談鄭清文的文學思考〉、林鎮山〈畸零人「物語」——論鄭清文的〈三腳馬〉與〈髮〉的邊緣發聲〉、蔡振念〈鄭清文短篇小説中異化的現代英雄〉、許俊雅〈讀鄭清文的兩篇小説——〈二十年〉、〈雷公點心〉〉、江寶釵〈我要回來再唱歌——從階層書寫論「隱含作者」在鄭清文小説文本中的實踐〉、李進益〈鄭清文作品中的台灣歷史與記憶〉。

松崎寬子　台湾人作家・鄭清文とその時代：鄭清文作品における日本統治期の記憶とアイデンティティの形成　東京　富士ゼロックス小林節太郎記念基金　2013年5月

本書為學位論文出版。全書共4章：1.前言；2.鄭清文の日本統治体験の記憶——語り手「私」；3.スティグマが意味するもの；4.おわりに。

林鎮山，江寶釵編著　意圖與策略：鄭清文訪談錄　臺北　文水出版社　2015年9月　355頁

本書為訪談集結，每篇訪談皆以鄭清文重要小説為核心，討論其創作理念、題材抉擇、敍事策略，並與西方敍事學理論相參照。全書共5章：1.泛愛而親人／人口爆炸：論「春雨」的「祕密」；2.怨親平等／同情弱者：論〈玉蘭花〉；3.「現代英雄」：論〈龐大的影子〉；4.「女性的困境」／母愛：論〈女司機〉；5.「三從四德」／女性的「成長」：論〈可愛的女人〉與〈堂嫂〉。

學位論文

許素蘭　冰山底下的大水河——鄭清文短篇小説研究　靜宜大學中國文學系　碩士論文　陳俊啟教授指導　2000年　161頁

本論文以鄭清文生平背景、文學啟蒙與創作理念為基點，探討鄭清文文學風格形成脈絡淵源，並為鄭清文的創作歷程做了分期。透過「史」的處理，一方面掌握鄭清文四十多年來，小説創作的整體面貌；另方面也藉各階段風格特色的討論，多方面呈現鄭清文小説的內容風貌。全文共5章：1.緒論；2.鄭清文生平背景與創作理念；3.創作歷程（1958—2000年）；4.小説中的「離鄉」與「回歸」；5.結論。

詹家觀　鄭清文小説中的社會變遷　政治大學中國文學系　碩士論文　陳芳明教授指導　2000年　149頁

本論文藉由分析鄭清文的小説，探討經由現代化而導致城鄉變遷、傳統行業的轉變，並分析其筆下描寫在農業社會轉向工商業社會之際，因社會變遷所衍生的種種問題，又如何以文學的手法展現紛雜深沉的人生萬象。全文共5章：1.緒論；2.家國圖像與政治書寫；3.台灣城鄉的發展與變遷；4.世代交替、價值轉換與人生思索；5.結論。

邱子寧　鄭清文作品中的童年敘事　台東師範學院兒童文學研究所　碩士論文　林文寶教授指導　2001年　189頁

本論文就鄭清文作品進行討論，觀察鄭清文做為一位跨界作家（crosswriting author）在處理題材與呈現內容上所作的考量。並藉由鄭清文作品裡的童年或青少年作為主角的故事，進一步探討「講述童年的故事」與「兒童文學」之間的關係。全文共5章：1.緒論；2.童年與敘事；3.鄭清文短篇小說中的童年敘事；4.鄭清文兒童文學作品的敘事；5.結論。

郭惠禎　鄭清文短篇小說風格研究　台北師範學院應用語言文學研究所　碩士論文　浦忠成教授指導　2001年　224頁

本論文採取主題式內容分析法，將文本先行分類再依題旨切入各篇，分析出鄭清文短篇小說關懷的面向所在。在作品研究部分，以分析鄭清文小說中的語言、人物刻劃、小說結構、敘事形式與觀點，深入其小說藝術之中，直探鄭清文小說藝術的核心，解開簡單、含蓄之下所深涵的意蘊。全文共6章：1.緒論；2.鄭清文文學啟蒙與創作歷程；3.影響鄭清文小說的因素；4.堅持在冰山上燃燒的寫作意識；5.鄭清文小說的藝術；6.結論。正文後附錄〈鄭清文著作——評論和短文〉、〈學界評論〉、〈傳記資料〉。

陳美菊　《鄭清文短篇小說全集》研究　高雄師範大學國文學系國文教學碩士班　碩士論文　林文欽教授指導　2002年　250頁

本論文先從文學評論著手歸納鄭清文在台灣文學史的位置，及其與鄉土文學運動的關係；進而分析其全集特色，討論其作品主題及人物刻畫如何成就鄭清文文學雋永的冰山風格。全文共7章：1.緒論；2.鄭清文生平與創作背景；3.《鄭清文短篇小說全集》編選；4.鄭清文短篇小說主題分析；5.寫作技巧研究（上）；6.寫作技巧研究（下）；7.結論。正文後附錄〈鄭清文短篇小說篇目總覽〉、〈《鄭清文短篇小說全集》卷1至卷6敘事模式分析表〉及〈《鄭清文短篇小說全集》時序分析表〉。

呂佳龍　成長與記憶之河——鄭清文小說研究　南華大學文學研究所　碩士論文　陳明柔教授指導　2003年6月　263頁

本論文以社會學質化研究中的紮根理論研究方法（Basics of Qualitative research），對資料（小說作品）進行觀察。在資料中賦予概念性的編碼，透過概念與概念間的連結與建構，抽取出一個可解釋鄭清文作品的解釋性理論（「成長」與「記憶」），並配合小說中母題的量化統計，對鄭清文的創作階段重新進行分期，突破一些既有定論的未竟之處，重新賦予近年來蔚為風潮的鄭清文研究下的新詮釋角度與意義。全文共6章：1.緒論；2.追尋一條大河的源頭；3.大河組曲的誕生與變奏；4.流經都市與舊鎮的長河；5.汙濁血河中的沒頂與重生——重構歷史記憶；6.結論———首未完的大河組曲。正文後附錄〈鄭清文小說的母題分析表〉、〈鄭清文訪談〉。

何慧倫　鄭清文童話研究　高雄師範大學國文學系國文教學碩士班　碩士論文　林文欽教授指導　2004年　282頁

本論文係以兒童文學與童話為論述背景，從兒童文學的定義、特性與分類來了解兒童文學；再列舉各家兒童文學理論研究者看待童話的不同角度，來探討最適合鄭清文童話之範疇。全文共6章：1.緒論；2.兒童文學中的童話；3.鄭清文生平及寫作態度；4.鄭清文的童話創作理念；5.鄭清文童話的再定位；6.結論。

徐錦成　鄭清文童話現象研究　佛光人文社會學院文學系　博士論文　馬森，李瑞騰教授指導

2005年　149頁

本論文與之前大多數的鄭清文童話研究不同之處，在於以鄭清文童話為研究主體，卻非純粹以兒童文學的角度進行討論，而是要透過對鄭清文童話的研究，提示「成人文學」（主流文學）與兒童文學接軌的必要。全文共6章：1.緒論；2.鄭清文童話發展歷程：1977-2006；3.成人童話——鄭清文童話的爭議焦點；4.鄉土文學——鄭清文童話的鄉土情懷；5.本土色彩——鄭清文童話的政治意識；6.結論。正文後附錄〈台灣童話發展年表：1977-2006〉。

徐美智　鄭清文《現代英雄》之研究　台灣師範大學國文學系在職進修碩士班　碩士論文　楊昌年教授指導　2006年　148頁

本論文採用文學主題研究方法，探討《現代英雄》小說中的英雄形象。全文共7章：1.緒論；2.鄭清文生平及其文學活動；3.英雄人物之塑創；4.英雄回歸之指向；5.英雄人物之人文視野；6.《現代英雄》之小說藝術；7.結論。

鄧斐文　鄭清文短篇小說人物研究　高雄師範大學國文學系回流中文碩士班　碩士論文　林文欽教授指導　2006年　338頁

本論文以鄭清文的短篇小說為主，研究範圍從1958年他的第一篇作品〈寂寞的心〉開始，一直到2006年為止，將近五十年的時間所創作的一百多篇短篇小說。研究方法為從其文本深入分析探討，並輔以其他相關文學理論。主要內容聚焦在人物的研究上，以呈現出鄭清文短篇小說人物風貌。全文共7章：1.緒論；2.鄭清文小說創作探討；3.男性人物形象分析；4.女性人物形象分析；5.老人人物形象分析；6.小說人物藝術技巧描寫；7.結論。

陳琪芬　鄭清文童話的特質與教育意義　中山大學中國文學系　碩士論文　龔顯宗教授指導2007年7月　176頁

本論文以鄭清文三本童話《燕心果》、《天燈‧母親》及《採桃記》為主，探討鄭清文童話的特質與教育意義。全文共6章：1.緒論；2.美妙的兒童文學；3.鄭清文童話的特質；4.鄭清文童話的鄉土文化教育；5.鄭清文童話的寓言教育；6.結論。

黃靖涵　鄭清文童話主題研究　政治大學中等學校教師在職進修班　碩士論文　鄭文惠教授指導　2008年7月　110頁

本論文以鄭清文童話主題為研究對象，討論鄭清文如何透過主題書寫，形塑出他個人的風格特色。全文共8章：1.緒論；2.鄭清文的童話創作；3.關懷鄉土自然與生態倫理；4.生命教育與成長啟蒙的關注；5.保存民間傳說與民情風俗；6.歷史記憶與社會風氣的省思；7.鄭清文童話特色與風格；8.結論。

簡國明　鄭清文短篇小說女性人物研究　高雄師範大學國文學系回流中文碩士班　碩士論文　羅克洲教授指導　2008年7月　182頁

本論文以鄭清文短篇小說中的女性人物為主，從文本深入分析探討，並輔以相關文學理論，以呈現出鄭清文短篇小說中女性人物風貌。全文共6章：1.緒論；2.鄭清文生平與創作；3.女性人物外在形象研究；4.女性人物內在心裡研究；5.女性人物的困境；6.結論。

黃雅銘　鄭清文短篇小說中的女性書寫　東吳大學中國文學系　碩士論文　劉正忠教授指導2008年7月　128頁

本論文先以女性的社會角色進行分類，再分析女性如何面對自我的價值，進而運用敘事學理論探討

鄭清文創作時對女性書寫的立場與態度。全文共5章：1.緒論；2.小說中的母親形象；3.忠誠與反叛——小說中的女性意識；4.女性書寫的立場與策略；5.結論。

田珮縈　鄭清文短篇小說主題研究　台北市立教育大學中國語文學系碩士班　碩士論文　余崇生教授指導　2008年12月　236頁

本論文先說明鄭清文的文學觀，再從生命書寫、悲情寫實以及心靈療養三個面向探討其創作主題特點。全文共6章：1.緒論；2.鄭清文創作文學觀；3.鄭清文短篇小說的生命書寫；4.鄭清文短篇小說的悲情寫實；5.鄭清文短篇小說的心靈療養；6.結論。正文後附錄〈鄭清文短篇小說篇目總表〉、〈鄭清文短篇小說著作分冊年表〉。

徐秀琴　鄭清文短篇小說研究　彰化師範大學國文學系　碩士論文　蔣美華教授指導　2008年206頁

本論文以鄭清文短篇小說作品為研究對象，從探討鄭清文的生平、寫作歷程及歸納其短篇小說中的主題，以呈現其寫作風格。全文共6章：1.緒論；2.鄭清文及其短篇小說的創作；3.鄭清文短篇小說的主題意涵；4.鄭清文短篇小說中的語言美學；5.鄭清文短篇小說所反映的風土民情；6.結論。

謝幸媛　鄭清文短篇小說的女性形象研究　中興大學台灣文學研究所　碩士論文　徐照華教授指導　2009年1月　137頁

本論文透過女性主義理論性別研究分析及榮格心理學原型理論解讀鄭清文短篇小說中的女性書寫。全文共7章：1.緒論；2.生命的印記；3.個人殘疾及家庭因素磨難下的女性；4.宗法社會下傳統禮教對女性的內化；5.時代、種族與環境的影響；6.超越時代與環境——女性對主體位置的爭取；7.結論。正文後附錄〈本文所分析女性人物與鄭清文短篇小說篇章關係索引〉。

陳詩尊　從《燕心果》到《採桃記》——鄭清文童話研究　雲林科技大學漢學資料整理研究所碩士班　碩士論文　王美秀教授指導　2009年1月　128頁

本論文以鄭清文的三本童話集《燕心果》、《天燈·母親》、《採桃記》為主，從鄭清文的創作歷程開始，探討其童話觀，再進一步研究文本內容中的人物、題材和主題。全文共6章：1.緒論；2.鄭清文及其童話；3.鄭清文的童話觀；4.鄭清文的童話題材探討；5.鄭清文童話中的主題思想；6.結論。

張美玲　鄭清文小說死亡書寫研究　台北教育大學語文與創作學系語文教學碩士班　碩士論文翁聖峰教授指導　2009年2月　248頁

本論文主要探討鄭清文小說的死亡書寫，從存在主義與現代主義理論出發，以死亡為基石，西方悲劇為輔，呈現其死亡書寫的美學特色。全文共6章：1.緒論；2.鄭清文小說死亡書寫的背景；3.鄭清文小說死亡書寫的分析；4.鄭清文小說死亡書寫的主題意涵；5.鄭清文小說死亡書寫的寫作手法；6.結論。正文後附錄〈田野調查——與作家訪談錄〉、〈鄭清文短篇小說一覽表〉、〈鄭清文雜文一覽表〉、〈鄭清文的寫作年表〉。

謝采伶　鄭清文長篇小說研究　中山大學中國文學系研究所　碩士論文　蔡振念教授指導　2009年7月　130頁

本論文以鄭清文的生平成長背景探討影響其創作觀的因素，進而從《大火》、《峽地》及《舊金山——一九七二》三部長篇小說，分析其創作風格與主題。全文共6章：1.緒論；2.鄭清文生平與創作背景；3.影響鄭清文小說創作觀的因素；4.鄭清文長篇小說的技巧；5.鄭清文長篇小說的主題內

容；6.結論。

洪琬瑜　鄭清文短篇小説研究　高雄師範大學國文學系　碩士論文　林文欽教授指導　2010年2月　262頁

本論文從鄭清文的生平背景出發，分析其短篇小説風格，進而探討其小説的主題、技巧及特色。全文共6章：1.緒論；2.鄭清文生平及創作歷程；3.影響鄭清文短篇小説風格的因素；4.鄭清文短篇小説主題分析；5.鄭清文短篇小説的技巧特色；6.結論。

連珮瑩　鄭清文童話中的變形研究　中正大學台灣文學研究所　碩士論文　吳亦昕，趙天儀教授指導　2010年7月　145頁

本論文先定義變形的概念，討論鄭清文童話中的變形，再以《丘蟻一族》與前三部童話《燕心果》、《天燈·母親》、《採桃記》作比較，探究其差異性。全文共5章：1.緒論；2.神話與童話中的變形；3.鄭清文童話中的變形；4.《燕心果》、《天燈·母親》、《採桃記》與《丘蟻一族》比較；5.結論。

張簡士喧　壓抑，解脱與認同──以鄭清文五篇短篇小説的敍事分析為例　台北醫學大學醫學人文研究所　碩士論文　丁興祥教授指導　2010年7月　110頁

本論文以Catherine Kohler Riessman的敍事分析（Narrative Analysis）作為研究方法，概念來自精神分析理論，探討〈雞〉、〈我的「傑作」〉、〈水上組曲〉、〈秘密〉及〈皇帝魚的二次災厄〉五篇小説中呈現心態壓抑的人物如何尋找自身定位及認同。全文共6章：1.緒論；2.文獻回顧；3.研究方法；4.研究結果；5.結論與討論；6.參考文獻。

林湘芬　鄭清文《玉蘭花》小説研究　銘傳大學應用中國文學系碩士在職專班　碩士論文　徐亞萍教授指導　2011年12月　228頁

本論文從鄭清文的生平背景探討其創作理念，進而析究《玉蘭花》的主題、人物面向及藝術技巧。全文共6章：1.緒論；2.鄭清文的寫作之路；3.《玉蘭花》的主題思想；4.《玉蘭花》的人物刻畫；5.《玉蘭花》的藝術表現；6.結論。正文後附錄〈鄭清文寫作年表〉、〈鄭清文生平年表〉。

李莉雯　鄭清文小説中青少年的自我覺醒　靜宜大學台灣文學系　碩士論文　趙天儀，張靜茹教授指導　2012年7月　88頁

本論文以鄭清文小説中青少年的成長歷程為探討對象，藉由文本分析呈現青少年自我覺醒的內涵及意義。全文共5章：1.緒論；2.鄭清文成長經驗與青少年成長經驗之關係；3.自我追尋的啟程；4.現實世界的壓抑與苦悶；5.結論。

邱建齊　鄭清文台灣童話研究　高雄師範大學國文學系　碩士論文　林雅玲教授指導　2012年7月　141頁

本論文將鄭清文的兒童文學作品，依內容主題分為「台灣風味童話」與「成長啟蒙童話」兩部分，探討其童話書寫所關注的多面向議題及特別之處。全文共5章：1.緒論；2.兒童、台灣與鄭清文童話；3.台灣風味童話；4.成長啟蒙童話；5.結論。

楊淑晏　鄭清文短篇小説悲劇書寫研究　台南大學國語文學系　碩士論文　張惠貞教授指導2012年9月　185頁

本論文透過文本及文獻分析之方式，研究鄭清文作品有關悲劇書寫的主題內涵及寫作技巧。全文共

6章：1.緒論；2.鄭清文之生平及其成長背景；3.鄭清文短篇小說悲劇書寫的創作背景；4.鄭清文短篇小說悲劇書寫的主題意涵；5.鄭清文短篇小說悲劇書寫的寫作手法；6.結論。正文後附錄〈鄭清文年表〉。

廖梓妍　鄭清文短篇小說中譬喻語言之意境　中興大學台灣文學與跨國文化研究所教師碩士在職專班　碩士論文　高嘉勵教授指導　2012年10月　76頁

本論文以認知語言學的角度切入，探究鄭清文筆下譬喻手法之使用與主題、主角的關係。全文共5章：1.緒論；2.台灣日治殖民歷史下之身體經驗；3.台灣政治變遷下社會與人心的幽微變化；4.現代社會變動中女性自我意識之萌生；5.結論。

湯宗穎　鄭清文小說老人書寫研究　高雄師範大學國文學系　碩士論文　曾進豐教授指導　2013年6月　149頁

本論文以鄭清文筆下的老人書寫為研究主題，探究老人如何面對及因應心理自我衝突、悲劇與死亡，並由此探索記憶與時間的關係。全文共6章：1.緒論；2.鄭清文生平及其老人書寫背景；3.老人形象／老化現象分析；4.老人書寫的主題內容；5.老人書寫的藝術表現；6.結論。正文後附錄〈鄭清文小說老人書寫作品一覽表〉、〈老人書寫中老人生理的老化一覽表〉、〈老人書寫中老人心理的老化一覽表〉、〈老人書寫中老人人際關係變化一覽表〉。

松崎寬子　鄭清文とその時代：“本省人”エリート作家と戦後台湾アイデンティティの形成　東京大學人文社　系研究科アジア文化研究專攻　博士論文　2013年11月　182頁

本論文從鄭清文作品中所反映的時代記憶及在台灣社會的接受情形，探討「台灣身分」的形成。全文共8章：1.序章；2.台湾作家鄭清文の生い立ちと作品の流れ；3.歌に託した台湾アイデンティティ；4.教科書における鄭清文文学受容にみる台湾アイデンティティの変容：台湾の高校「国文」教科書における台湾文学の分析；5.鄭清文作品における日本統治期の記憶とアイデンティティの形成；6.『舊金山一九七二』における在米台湾留学生表象；7.ノスタルヅアとしての鄭清文文学とユートピアの形成——舞台劇『清明時節』と鄭清文童話における台湾アイデンティティ；8.終章。

李品誼　鄭清文童話之土地倫理意識與兒童觀　成功大學台灣文學系　碩士論文　吳玫瑛教授指導　2014年7月　138頁

本論文以環境倫理觀作為研究詮釋視角，探討鄭清文的文學觀與自然觀，並分析兒童與自然的連結性，探討鄭清文如何藉由童話，使兒童與自然重新建立良好關係。全文共5章：1.緒論；2.童話的承繼與創新開展；3.鄭清文童話的自然視野；4.點燃童心「自然」火苗；5.結論。

楊璧綺　鄭清文短篇小說中的老人書寫　中山大學中國文學系碩士在職專班　碩士論文　蔡振念教授指導　2014年7月　123頁

本論文以老人社會學的角度切入，研究分析鄭清文短篇小說中的老人角色。全文共5章：1.緒論；2.鄭清文的人生歷程；3.老人書寫的面向；4.老人書寫的內涵；5.結論。正文後附錄〈老人生理老化整理表〉、〈老人家庭關係概略表〉、〈老人書寫內涵分類表〉。

劉敏郎　鄭清文短篇小說之研究——以民俗與原鄉為例　中正大學台灣文學研究所　碩士論文江寶釵教授指導　2014年　77頁

本論文旨在發掘鄭清文小說如何進行原鄉與民俗的描寫，並探討其敍事技藝。全文共4章：1.緒

論；2.民俗書寫；3.原鄉書寫；4.結論。

黃淑真　失落與困境——鄭清文短篇小說中的男性角色研究（1958-1999）　東海大學中國文學系
**　　　　碩士論文　彭錦堂教授指導　2015年6月　139頁**
本論文探討鄭清文筆下的男性角色形象。全文共5章：1.緒論；2.鄭清文小説中人物的困境；3.男性
「英雄」形象的失落；4.困境中的男性；5.結論。

作家生平資料篇目

自述

鄭清文　《簸箕谷》自序　幼獅文藝　第142期　1965年10月　頁14
鄭清文　《簸箕谷》——自序　台灣文學的基點　高雄　派色文化出版社　1992年7月　頁143-144
鄭清文　第四屆台灣文學獎特輯——寫作雜憶　台灣文藝　第23期　1969年4月　頁71-73
鄭清文　自序[1]　現代英雄　台北　爾雅出版社　1976年4月　頁3-5
鄭清文　自序　龐大的影子　台北　爾雅出版社　1989年11月　頁3-5
鄭清文　尋找自己、尋找人生　民眾日報　1979年10月15日　12版
鄭清文　尋找自己、尋找人生　台灣文學的基點　高雄　派色文化出版社　1992年7月　頁153-157
鄭清文　尋找自己、尋找人生　鄭清文短篇小說全集・鄭清文和他的文學　台北　麥田出版公司
　　　　1998年6月　頁197-201
鄭清文　尋找自己、尋找人生　臺灣現當代作家研究資料彙編・鄭清文　台南　國立台灣文學館
　　　　2012年3月　頁101-103
鄭清文　《簸箕谷》的回想　青澀歲月　台北　爾雅出版社　1980年7月　頁241-243
鄭清文　創作的信念——代序　最後的紳士　台北　純文學出版社　1984年2月　頁1-4
鄭清文　創作的信念——《最後的紳士》自序　台灣文學的基點　高雄　派色文化出版社　1992年
　　　　7月　頁149-152
鄭清文　創作的信念——《最後的紳士》自序　鄭清文短篇小說全集・鄭清文和他的文學　台北
　　　　麥田出版公司　1998年6月　頁193-196
鄭清文　我的文學觀　文訊雜誌　第13期　1984年8月　頁12-17
鄭清文　我的文學觀　如銀河傾瀉而下的感覺　台北　石頭出版公司　1990年8月　頁148-151
鄭清文　我的文學觀　台灣文學的基點　高雄　派色文化出版社　1992年7月　頁179-182
鄭清文　我的文學觀　鄭清文短篇小說全集・鄭清文和他的文學　台北　麥田出版公司　1998年6
　　　　月　頁233-236
鄭清文　木屐聲　少男心事　高雄　敦理出版社　1985年5月　頁19-22
鄭清文　我的戰爭經驗　聯合報　1985年7月8日　8版
鄭清文　我的戰爭經驗　聯合文學　第9期　1985年7月　頁114-119
鄭清文　生活、思想與藝術的結合[2]　文訊雜誌　第23期　1986年4月　頁217-221
鄭清文　我的筆墨生涯　台灣文學的基點　高雄　派色文化出版社　1992年7月　頁171-178
鄭清文　生活、思想與藝術的結合　文學好因緣　台北　文訊雜誌社　2008年7月　頁341-347
鄭清文　大水河畔的童年　中華日報　1987年4月6日　11版
鄭清文　大水河畔的童年　滄桑舊鎮　台北　時報文化出版公司　1987年6月　頁5-14
鄭清文　大水河畔的童年　鄭清文短篇小說全集・鄭清文和他的文學　台北　麥田出版公司　1998
　　　　年6月　頁169-177
鄭清文　代序　報馬仔　台北　圓神出版社　1987年7月　〔3〕頁

鄭清文　《報馬仔》自序　台灣文學的基點　高雄　派色文化出版社　1992年7月　頁159-160

鄭清文　《報馬仔》自序　鄭清文短篇小説全集・鄭清文和他的文學　台北　麥田出版公司　1998年6月　頁202-203

鄭清文　新版後記　峽地　台北　九歌出版社　1988年1月　頁277-279

鄭清文　偶然與必然——文學的形成　峽地　台北　九歌出版社　1988年1月　頁283-300

鄭清文　偶然與必然——文學的形成　文學台灣　第26期　1998年4月　頁32-46

鄭清文　偶然與必然——文學的形成　鄭清文短篇小説全集・鄭清文和他的文學　台北　麥田出版公司　1998年6月　頁1-18

鄭清文　童話和我　台灣文藝　第113期　1988年9月　頁40-43

鄭清文　童話與我　台灣文學的基點　高雄　派色文化出版社　1992年7月　頁167-170

鄭清文　四版序　龐大的影子　台北　爾雅出版社　1989年11月　頁1-2

鄭清文　銀行生活四十年　繁華猶記來時路　台北　中央日報社　1992年5月　頁183-190

鄭清文　序　相思子花　台北　麥田出版公司　1992年7月　頁5-6

鄭清文　《龐大的影子》四版序 ³　台灣文學的基點　高雄　派色文化出版社　1992年7月　頁145-148

鄭清文　畫圓圈——《龐大的影子》四版序　鄭清文短篇小説全集・鄭清文和他的文學　台北　麥田出版公司　1998年6月　頁189-192

鄭清文　放生的巧合　中華日報　1998年1月1日　16版

鄭清文　創作和理論　中華日報　1998年1月20日　16版

鄭清文　鄭清文創作觀　八十五年短篇小説選　台北　爾雅出版社　1998年4月　頁264

鄭清文　台灣童話寫作的一個新動向　第一屆兒童文學國際會議論文集　台中　靜宜大學文學院　1998年5月30-31日　頁321-322

鄭清文　一張照片，許多故事　鄭清文短篇小説全集・鄭清文和他的文學　台北　麥田出版公司　1998年6月　頁178-180

鄭清文　終戰前後，我的台北記憶　鄭清文短篇小説全集・鄭清文和他的文學　台北　麥田出版公司　1998年6月　頁181-188

鄭清文　好像多出一朵花　自由時報　1999年11月22日　39版

鄭清文　序——好像多出一朵花　五彩神仙　台北　桂冠圖書公司　2001年2月　頁3-4

鄭清文　桐山環太平洋書卷獎和《三腳馬》（序）　鄭清文短篇小説選　台北　麥田出版公司　1999年12月　頁5-10

鄭清文　後記　天燈・母親　台北　玉山社出版公司　2000年4月　頁208-210

鄭清文　後記（自立版）　燕心果　台北　玉山社出版公司　2000年4月　頁166-167

鄭清文　後記（玉山社版）　燕心果　台北　玉山社出版公司　2000年4月　頁168-170

鄭清文　濫用法力　民眾日報　2000年10月4日　17版

鄭清文　雞兔同籠　台灣日報　2001年12月3日　25版

鄭清文　慢半拍的十七、八歲　自由時報　2002年7月15日　33版

鄭清文　後記　舊金山——一九七二　台北　一方出版公司　2003年2月　頁231-232

鄭清文　旅美雜感　舊金山——一九七二　台北　一方出版公司　2003年2月　頁233-239

鄭清文　初中三年半　華南金控月刊　第13期　2004年1月　頁60-65

鄭清文　我的童話觀　九十二年童話選　台北　九歌出版社　2004年3月　頁115

鄭清文　自序　多情與嚴法　台北　玉山社出版公司　2004年5月　頁5-7

鄭清文　臨時加入的全家照片　文訊雜誌　第225期　2004年7月　頁107

鄭清文　後記——採桃記　採桃記　台北　玉山社出版公司　2004年8月　頁245-248

鄭清文　也是親情　文訊雜誌　第237期　2005年7月　頁99

鄭清文　我與俄羅斯文學　文學台灣　第61期　2007年1月　頁33-38

鄭清文　樹的見證──寫在鄭清文國際學術研討會之前　樹的見證──鄭清文文學論集　台北　麥田出版公司　2007年3月　〔8〕頁

鄭清文　樹的見證──寫在鄭清文國際學術研討會之前　臺灣現當代作家研究資料彙編‧鄭清文　台南　國立台灣文學館　2012年3月　頁105-110

鄭清文　〈甘蔗田的小田鼠〉──大師說　大師在家嗎　台北　國語日報社　2008年10月　頁94

鄭清文　椰林大道　台大八十，我的青春夢　台北　台灣大學出版中心　2008年11月　頁58-68

鄭清文　童話與動物的讀者　新地文學　第6期　2008年12月　頁49-56

鄭清文　與小讀者談心：水庫的水源　紙青蛙：鄭清文精選集　台北　九歌出版社　2010年4月　頁8-13

鄭清文　我寫〈清明時節〉　自由時報　2010年10月3日　D9版

鄭清文　〈秋夜〉的表姨　聯合文學　第315期　2011年1月　頁6

鄭清文　我的童話繪本　國語日報　2011年2月20日　5版

鄭清文　〈林中之死〉的老農婦　聯合文學　第316期　2011年2月　頁6

鄭清文　〈黑面進旺之死〉──保正的媳婦　聯合文學　第317期　2011年3月　頁6

鄭清文　《窄門》的阿麗莎　聯合文學　第318期　2011年4月　頁6

鄭清文　〈花枝、茉草、蝴蝶蘭〉的秀涓　聯合文學　第319期　2011年5月　頁6

鄭清文　〈五色鳥的哭聲〉中的孫太太　聯合文學　第321期　2011年7月　頁6

鄭清文　〈局外人〉的秀卿的母親　聯合文學　第323期　2011年9月　頁6

鄭清文　〈相思子花〉的阿鳳　聯合文學　第325期　2011年11月　頁6

鄭清文　「文星」雜憶　文訊雜誌　第314期　2011年12月頁　64-66

鄭清文　後記　青椒苗：鄭清文短篇小說選3　台北　麥田‧城邦文化公司　2012年9月　頁297-299

鄭清文　我們這一代：二年級作家之2──我的時代　聯合報　2017年2月22日　D3版

他述

林海音　台籍作家的寫作生活〔鄭清文部分〕　文星　第26期　1959年12月　頁29

龍瑛宗　鄭清文　今日之中國　第1卷第5期　1963年10月　頁48

龍瑛宗著；葉笛譯　《今日之中國》作者生平簡介──鄭清文　龍瑛宗全集‧中文卷‧文獻集　台南　國家台灣文學館籌備處　2006年11月　頁105

龍瑛宗　《今日の中國》作者の略歷──鄭清文　龍瑛宗全集‧日本語版‧文獻集　台南　國立台灣文學館　2008年4月　頁70

〔鍾肇政編〕　鄭清文　本省籍作家作品選集3　台北　文壇社　1965年10月　頁2

李　喬　阿文哥　幼獅文藝　第188期　1969年8月　頁222

董保中　誰是鄭清文（上、下）　聯合報　1978年6月17-18日　12版

董保中　誰是鄭清文　臺灣現當代作家研究資料彙編‧鄭清文　台南　國立台灣文學館　2012年3月　頁179-184

黃武忠　風格的創造者──鄭清文印象　台灣時報　1981年1月24日　12版

黃武忠　風格的創造者──鄭清文印象　台灣作家印象記　台北　眾文圖書公司　1984年5月　頁127-136

黃武忠　風格的創造者──作者印象　局外人　台北　學英文化公司　1984年9月　頁1-11

黃武忠　風格的創造者──鄭清文印象　鄭清文短篇小說全集‧鄭清文和他的文學　台北　麥田出

版公司　1998年6月　頁65-74

陳淑惠　健忘的人　純文學好小說（上）　台北　純文學出版社　1982年7月　頁16

陳淑惠　健忘的人　台港文學選刊　1986年第3期　1986年3月　頁32

王晉民，鄺白曼　鄭清文　台灣與海外華人作家小傳　福州　福建人民出版社　1983年9月　頁61

林海音　認真的，誠懇的　聯合報　1983年12月2日　8版

林海音　認真的，誠懇的　剪影話文壇　台北　純文學出版社　1984年8月　頁197-199

林海音　鄭清文／認真的，誠懇的　林海音作品集·剪影話文壇　台北　遊目族文化公司　2000年5月　頁196-198

林海音　認真的，誠懇的　臺灣現當代作家研究資料彙編·鄭清文　台南　國立台灣文學館　2012年3月　頁135-136

葉石濤　誠實的作家——鄭清文　台灣時報　1984年8月6日　8版

葉石濤　誠實的作家——鄭清文　葉石濤全集·評論卷三　台南，高雄　國立台灣文學館，高雄市文化局　2008年3月　頁163-167

〔編輯部〕　鄭清文　三腳馬（台灣現代小說選）　台北　名流出版社　1986年8月　頁135

張國立　關於一條叫「鄭清文」的河　中華日報　1987年1月21日　11版

何聖芬　小說就是生活——小說家鄭清文側像　自立晚報　1987年11月21日　10版

〔陳子君，梁燕主編〕　鄭清文　兒童文學辭典　成都　四川少年兒童出版社　1991年6月　頁389

陳　燁　璞真的生活家——鄭清文紀事（上、下）　自由時報　1991年12月23-24日　19版

陳　燁　璞真的生活家——鄭清文紀事　台灣文藝　第128期　1991年12月　頁4-21

鍾肇政　平凡中的不平凡　自由時報　1998年9月7日　41版

許素華　沒有書房的鄭清文，數十年創作不輟　中華日報　1998年10月6日　15版

計璧瑞，宋剛　鄭清文　中國文學通典·小說通典　北京　解放軍文藝出版社　1999年1月　頁1059-1060

胡衍南　鄭清文：難得「轟動」的鄉土文學作家　1998台灣文學年鑑　台北　行政院文建會　1999年6月　頁203

江中明　鄭清文入圍：台灣有文學　聯合報　1999年10月24日　14版

賴素鈴　鄭清文以平常心看待書卷獎　民生報　1999年10月27日　4版

陳志宏　鄭清文創作取材台灣·手法學習西方——認為電腦融入文學時勢所趨·將跳脫傳統圖書文學窠臼　台灣日報　2001年2月18日　28版

莊紫蓉　鍾肇政專訪：談第二代作家〔鄭清文部分〕　台灣文藝　第181期　2002年4月　頁13-18

邱各容　以生命的熱忱觀察人生的鄭清文　播種希望的人們：台灣兒童文學工作者群像　台北　富春文化公司　2002年8月　頁82-87

應鳳凰　「台灣鄉下人」作家——鄭清文有兩個童年　小作家月刊　第101期　2002年9月　頁9-13

施英美　驚蟄後的台灣芳華——林海音對台籍作家的提攜〔鄭清文部分〕　《聯合報》副刊時期（1953-1963）的林海音研究　靜宜大學中國文學系　碩士論文　陳芳明，胡森永教授指導　2003年6月　頁119

〔彭瑞金選編〕　作者　國民文選·小說卷2　台北　玉山社出版公司　2004年7月　頁216-217

陳宛茜　桌面又多一朵花　聯合報　2005年7月5日　C6版

許素蘭　水庫永不枯竭——以文學見證生活的小說家鄭清文　全國新書資訊月刊　第79期　2005年7月　頁14-16

施如芳　鄭清文，淡墨描繪台灣人真實面貌——今年國家文藝獎得主，創作生涯40年獲獎無數，始終保有純粹澄清的心　人間福報　2005年9月28日　10版

夏　行　作家的成績單（下）——鄭清文：創作、閱讀、聯誼，退休生活很愜意　中央日報　2006

年1月28日　17版

李上儀　鄭清文最愛冰山美學　新台風　第4期　2006年11月　頁58-63

〔鹽分地帶文學〕　前輩作家寫真簿——我的文學，是屬於台灣的——得獎就像餐桌上多了一朵花　鹽分地帶文學　第12期　2007年10月　頁14

〔編輯部〕　鄭清文　文學家　台北　東和鋼鐵公司，大觀視覺顧問公司　2007年12月　頁65-72

水筆仔　冷井情深話人性——鄭清文的冰山哲學　源　第68期　2008年3月　頁18-23

〔封德屏主編〕　鄭清文　2007台灣作家作品目錄　台南　國立台灣文學館　2008年7月　頁1286

許俊雅　大漢溪流域的文化與文學——新莊市——新莊的現代文學作家與傳統詩詞——鄭清文（一九三二年—）　續修台北縣志・藝文志第三篇・文學（下）　台北　台北縣政府　2008年8月　頁46-47

馬靖雯　不停說故事的人——鄭清文　第十三屆台灣文學家牛津獎暨鄭清文文學學術研討會資料彙集　台北　真理大學人文學院台灣文學系　2009年12月　頁4

林皇德　鄭清文——大河上的擺渡人　用愛釀成篇章——台灣文學家的故事　台南　國立台灣文學館　2011年7月　頁107-110

陳允元　鄭清文：鐫刻冰山以折射一座島的歷史　2012年台灣文學年鑑　台南　國立台灣文學館　2013年11月　頁179

楊媛婷，凌美雪　國寶小說家鄭清文病逝・享壽85歲　自由時報　2017年11月5日　B4版

陳宛茜　「想寫台灣人的童話」作家鄭清文辭世　聯合報　2017年11月5日　A5版

〔蘋果日報〕　國家文藝獎作家・鄭清文辭世　蘋果日報　2017年11月5日　A9版

許文貞　鄭清文辭世・一生懸命創作　中國時報　2017年11月5日　A16版

張文薰　難居人世的清淨靈台——追悼鄭清文先生　自由評論網　2017年11月6日　自由開講電子論壇

賴香吟　以筆代花的紀念　上報　2017年11月12日　上報專欄

李麗慎　鄭清文告別式・蔡總統頒褒揚令　台灣時報　2017年11月26日　5版

木下諄一　悼念鍾愛的台灣作家鄭清文　nippon.com日本網　2017年11月27日　nippon.com專欄

周昭翡　寂寞的遊戲寂寞的心——記鄭清文先生與我的一點淵源　中華日報　2017年12月5日　D2版

丘　光　一顆善良、崇高的心——回憶作家、翻譯家鄭清文　文訊雜誌　第386期　2017年12月　頁174-176

向　陽　台灣小說界的長青樹鄭清文　文訊雜誌　第386期　2017年12月　頁177-181

江寶釵　「寫字」せんせい，天國再見　文訊雜誌　第386期　2017年12月　頁182-185

李金蓮　來自大水河的擺渡者　文訊雜誌　第386期　2017年12月　頁186-187

李進益　再也沒人跟我搶《朝日新聞》　文訊雜誌　第386期　2017年12月　頁188-190

李　喬　殘年哭知己　文訊雜誌　第386期　2017年12月　頁191-192

徐錦成　台灣童心——我記憶中的鄭清文先生　文訊雜誌　第386期　2017年12月　頁193-195

許俊雅　不僅僅是台灣文學的景觀——悼念一位誠摯而純粹的作家鄭清文　文訊雜誌　第386期　2017年12月　頁196-199

陳雨航　與鄭清文先生的二三事　文訊雜誌　第386期　2017年12月　頁200-202

彭瑞金　他只是到另一個世界寫——悼鄭清文先生　文訊雜誌　第386期　2017年12月　頁203-206

趙自強　寫我與鄭清文老師美好的午後　文訊雜誌　第386期　2017年12月　頁207-208

鄭谷苑　愛的力量——紀念鄭清文　文訊雜誌　第386期　2017年12月　頁209-212

楊富閔　自信的文學　自由時報　2018年1月9日　D7版

許文華　懷思鄭清文先生　文訊雜誌　第387期　2018年1月　頁38-41

訪談、對談

洪醒夫　誠實與含蓄的故事——鄭清文訪問記　書評書目　第29期　1975年9月　頁110-122

洪醒夫　誠實與含蓄的故事——鄭清文訪問記　現代英雄　台北　爾雅出版社　1976年4月　頁
　　　　189-207

洪醒夫　誠實與含蓄的故事——鄭清文訪問記　鄭清文短篇小說全集・鄭清文和他的文學　台北
　　　　麥田出版公司　1998年6月　頁137-155

洪醒夫　誠實與含蓄的故事——鄭清文訪問記　洪醒夫全集・散文卷　彰化　彰化縣文化局　2001
　　　　年6月　頁222-241

鄭清文等[4]　鄭清文作品討論會　文學界　第2期　1982年4月　頁6-33

鄭清文等　鄭清文作品討論會　葉石濤全集・評論卷七　台南，高雄　國立台灣文學館，高雄市政
　　　　府文化局　2008年3月　頁61-92

黃武忠　訪鄭清文談小說的情節安排[5]　台灣日報　1987年8月26日　20版

黃武忠　小說的情節安排——訪鄭清文先生　小說經驗——名家談寫作技巧　台北　富春文化公司
　　　　1990年8月　頁64-70

吳錦發　訪鄭清文談台灣的文學[6]　民眾日報　1987年12月30日　11版

吳錦發　腳踏實地的素描功夫——訪鄭清文談台灣文學　做一個新台灣人　台北　前衛出版社
　　　　1989年11月　頁219-231

楊錦郁　生活・藝術及思想——鄭清文談小說經驗　文訊雜誌　第36期　1988年6月　頁79-81

楊錦郁　生活、藝術與思想——鄭清文談小說經驗　嚴肅的遊戲：當代文藝訪談錄　台北　三民書
　　　　局　1994年2月　頁89-94

楊錦郁　生活・藝術及思想——鄭清文談小說經驗　臺灣現當代作家研究資料彙編・鄭清文　台南
　　　　國立台灣文學館　2012年3月　頁111-114

楊錦郁　訪鄭清文談農業時代的文學　幼獅文藝　第418期　1988年10月　頁6-8

趙孝萱　追求心靈的高利潤——鄭清文　聯合文學　第72期　1990年10月　頁101-102

王文伶　靜裡尋真，樸處見美——訪鄭清文先生　新地文學　第1卷第4期　1990年10月　頁93-100

王文伶　靜裡尋真，樸處見美——訪鄭清文先生　鄭清文短篇小說全集・鄭清文和他的文學　台北
　　　　麥田出版公司　1998年6月　頁157-165

翁惠懿　鄭清文用童話故事傳道　拾穗　第554期　1997年6月　頁60-63

林麗如　把人生的悲喜化為令人低迴的故事——專訪小說家鄭清文[7]　文訊雜誌　第154期　1998年
　　　　8月　頁59-62

林麗如　堅持純文學——沉潛冰山的鄭清文　走訪文學僧：資深作家訪問錄　台北　文訊雜誌社
　　　　2004年10月　頁17-23

王開平　仰望一棵椰子樹——訪小說家鄭清文　聯合報　1998年10月5日　41版

吳聲淼　鄭清文先生訪問稿[8]　兒童文學學刊　第2期　1999年5月　頁227-229

吳聲淼　為兒童創作的小說家——鄭清文專訪　兒童文學工作者訪問稿　台北　萬卷樓圖書公司
　　　　2000年6月　頁227-243

楊照，王妙　冰山上的孤鳥——鄭清文專訪（上、下）　中國時報　1999年7月17-18日　37版

魏可風　故事裡的故事——專訪作家鄭清文　自由時報　2000年3月18日　39版

陳玉玲　堅持台灣經驗的小說家：訪鄭清文　誠品好讀　第1期　2000年7月　頁48-50

孫梓評　相思舊雨——鄭清文和他的書房　中央日報　2001年8月6日　18版

莊紫蓉　蓄積一座靈感的水庫——專訪小說家鄭清文（1-13）[9]　台灣日報　2002年4月18-30日

　　　　25版

莊紫蓉　兩個童年，蓄積了一個深深的靈感水庫　面對作家——台灣文學家訪談錄（二）　台北
　　　　財團法人吳三連台灣史料基金會　2007年4月　頁348-385

呂佳龍　鄭清文訪談　成長與記憶之河——鄭清文小說研究　南華大學文學研究所　碩士論文　陳
　　　　明柔教授指導　2003年6月　頁252-263

陳宛茜　鄭清文偷偷挑戰大河小說　聯合報　2003年12月15日　A12版

〔聯合報〕　夢是很好發揮的題材　聯合報　2004年2月29日　E7版

黃崇軒　冰山底下的大水河——從《簸箕谷》到《採桃記》　台灣文學館通訊　第6期　2004年3月
　　　　頁42-43

陳文芬　鄭清文在新莊　印刻文學生活誌　第7期　2004年3月　頁154-169

陳靜宜，汪軍伻　創造另一個童話世界——鄭清文專訪　台灣筆會通訊　第2期　2004年3月　頁
　　　　25-30

林鎮山　浮流的冰山——專訪小說家鄭清文（上、下）[10]　聯合報　2004年10月20-21日　E7版

林鎮山　「春雨」的「秘密」：專訪元老作家鄭清文（上、下）　文學台灣　第52-53期　2004年
　　　　12月，2005年1月　頁119-148，65-103

林鎮山　「春雨」的「秘密」——專訪元老作家鄭清文　離散‧家國‧敘述：當代台灣小說論述
　　　　台北　前衛出版社　2006年7月　頁177-235

林鎮山　泛愛而親人／人口爆炸：論「春雨」的「祕密」　意圖與策略：鄭清文訪談錄　臺北文水
　　　　出版社　2015年9月　頁20-94

蔡依珊　鄭清文——推移台灣文學的多情冰山　野葡萄文學誌　第17期　2005年1月　頁32-35

松崎寬子　鄭清文とその時代、その作品　東京大学中国語中国文学研究室紀要　第8號　2005年4
　　　　月15日　頁118-139

松崎寬子　鄭清文與他的時代、他的作品——作家鄭清文先生採訪錄　文學台灣　第69期　2009年
　　　　1月　頁76-99

施如芳　以小見大，靜水流深——小說家鄭清文　源　第54期　2005年9月　頁80-85

郭麗娟　凝住記憶的河：鄭清文冷井情深話人性　光華雜誌　第30卷第10期　2005年10月　頁98-
　　　　105

應鳳凰　小鎮‧大河‧檳榔城——與鄭清文下午茶　鹽分地帶文學　第4期　2006年6月　頁103-
　　　　109

林鎮山　性別、文學品味、敘事策略——作者與譯者有關Magnolia〈玉蘭花〉的對話　離散‧家
　　　　國‧敘述：當代台灣小說論述　台北　前衛出版社　2006年7月　頁237-280

林鎮山，江寶釵　意圖與策略（上、下）——鄭清文訪談錄論〈玉蘭花〉　文學台灣　第59-60期
　　　　2006年7，10月　頁170-211，63-78

林鎮山，江寶釵　怨親平等／同情弱者：論〈玉蘭花〉　意圖與策略——鄭清文訪談錄　臺北　文
　　　　水出版社　2015年9月　頁95-152

劉梓潔　冰山理論的實踐者鄭清文　聯合文學　第262期　2006年8月　頁80-83

鄭清文等[11]　我心中的青春寫作靈魂　書寫青春3——第三屆台積電青年學生文學獎得獎作品合集
　　　　台北　聯經出版公司　2006年8月　頁197-199

陳怡先　清淡的文學味——訪作家鄭清文　九彎十八拐　第9期　2006年9月　頁22-24

許素蘭，鄭清文　冰山底下的大水河——從《簸箕谷》到《採桃記》　台灣文學館通訊　第16期
　　　　2007年8月　頁22-27

鄭清文，許素蘭對談；王鈺婷記　冰山底下的大水河——從《簸箕谷》到《採桃記》　徬徨的戰鬥
　　　　／十場台灣當代小說的心靈饗宴：國立台灣文學館‧第三季週末文學對談　台南　國立台

灣文學館　2007年12月　頁18-43

鄭清文，許素蘭對談；王鈺婷記　冰山底下的大水河——從《簸箕谷》到《採桃記》　臺灣現當代作家研究資料彙編‧鄭清文　台南　國立台灣文學館　2012年3月　頁115-134

林鎮山，江寶釵　「現代英雄」：與鄭清文先生論〈龐大的影子〉　第四屆「加州大學台灣文學國際研討會」　美國加州　加州大學聖塔芭芭拉校園世華文學研究中心　2007年10月

林鎮山，江寶釵　意圖與策略，鄭清文訪問錄——現代英雄：龐大的影子　「臺灣文學與英譯」國際學術研討會　美國加州　加州大學聖塔芭芭拉校區臺灣研究中心主辦　2007年

林鎮山，江寶釵　「現代英雄」：論〈龐大的影子〉　意圖與策略——鄭清文訪談錄　臺北　文水出版社　2015年9月　頁153-229

丁文玲　輕描淡寫小人物‧鄭清文書寫一甲子　中國時報　2008年3月16日　A18版

鄭清文等 [12]　涓滴匯湧成潮——「台北縣文學環境討論」座談會紀實　文訊雜誌　第278期　2008年12月　頁93-99

吳佩鈴　鄭清文的小說世界——在現實與虛構之間　台灣時報　2009年6月11日　10版

林欣誼　為9到99歲讀者寫童話　中國時報　2009年7月12日　8版

陳喆之〔陳文發〕　文心在於清淡——鄭清文的書房　鹽分地帶文學　第33期　2011年4月　頁20-24

陳文發　鄭清文的書房——喧囂裡的寧靜　作家的書房　台北　允晨文化公司　2014年8月　頁51-58

鄭清文等 [13]　時代與書寫——各世代小說交鋒（一）　文訊雜誌　第309期　2011年7月　頁88-91

楊佳嫻　時間礫原上的一點青苗——小說家鄭清文談新作《青椒苗》　自由時報　2012年11月28日　D11版

鄭順聰採訪　鄭清文——土地公與貓頭鷹　聯合文學　第338期　2012年12月　頁43-45

鄭清文等 [14]　讓閱讀開啟文學更廣闊的遠方——「文訊30：世代文青論壇接力賽」第三場　文訊雜誌　第335期　2013年9月　頁89-90

鄭順聰採訪　鄭清文×新莊——舊鎮沒變，改變的是回去的方式　聯合文學　第352期　2014年2月　頁40-47

陳文發　計較沒路用　中華日報　2015年5月25日　B4版

林鎮山，江寶釵　「女性的困境」／母愛：論〈女司機〉　意圖與策略——鄭清文訪談錄　臺北　文水出版社　2015年9月　頁230-293

林鎮山，江寶釵　「三從四德」／女性的「成長」：論〈可愛的女人〉與〈堂嫂〉　意圖與策略——鄭清文訪談錄　臺北　文水出版社　2015年9月　頁294-346

年表

〔田原主編〕　年表　鄭清文自選集　台北　黎明文化公司　1975年12月　頁1-4

〔台灣文藝〕　鄭清文著作年表　台灣文藝　第56期　1977年10月　頁204-206

〔文學界〕　鄭清文寫作年表　文學界　第2期　1982年4月　頁34-37

鄭清文　鄭清文年表　故里人歸　台北　台北縣立文化中心　1993年6月　〔3〕頁

鄭清文，洪米貞編；方美芬增訂　鄭清文生平寫作年表　鄭清文集（台灣作家全集）　台北　前衛出版社　1993年12月　頁361-367

鄭清文　鄭清文寫作年表　鄭清文短篇小說全集‧鄭清文和他的文學　台北　麥田出版公司　1998年6月　頁258-270

福本瘦　鄭清文大事年表　中國時報　1999年7月16日　37版

鄭清文　鄭清文年表　五彩神仙　台北　桂冠圖書公司　2001年2月　頁141-143

鄭清文　鄭清文年表　樹梅集　台北　台北縣文化局　2002年12月　頁286-292

林鎮山　鄭清文生平年表　樹的見證——鄭清文文學論集　台北　麥田出版公司　2007年3月　頁267-270

邱各容　作家兒童文學年表　台灣兒童文學作家及作品論　台北　富春文化公司　2008年8月　頁219-225

馬靖雯編　鄭清文‧文學之路　第十三屆台灣文學家牛津獎暨鄭清文文學學術研討會資料彙集　台北　真理大學人文學院台灣文學系　2009年12月　頁5-6

〔李進益編選〕　文學年表　臺灣現當代作家研究資料彙編‧鄭清文　台南　國立台灣文學館　2012年3月　頁53-87

楊淑晏　鄭清文年表　鄭清文短篇小說悲劇書寫研究　台南大學國語文學系　碩士論文　張惠貞教授指導　2012年9月　頁171-185

其他

陳文芬　鄭清文獲美國桐山環太平洋書卷獎　中國時報　1999年10月25日　11版

賴素鈴　桐山環太平洋書卷獎揭曉——鄭清文《三腳馬》脫穎而出　民生報　1999年10月25日　4版

〔聯合報〕　鄭清文《三腳馬》英譯本獲桐山環太平洋書卷獎　聯合報　1999年10月25日　14版

徐淑卿　鄭清文《三腳馬》獲桐山書卷獎　中國時報　1999年10月28日　43版

王　岫　桐山環太平洋書卷獎——鄭清文小說登上國際文壇的敲門磚　中國時報　1999年11月11日　43版

黃盈雰　鄭清文獲美國桐山環太平洋書卷獎　文訊雜誌　第169期　1999年12月　頁77

陳文芬　小太陽獎頒贈童書作者——大人不失赤子心鄭清文獲肯定　中國時報　2000年2月19日　11版

陳希林　九歌年度文選盛會童話獎　中國時報　2004年3月1日　8版

賴素玲　年度文學獎〔鄭清文部分〕　民生報　2004年3月1日　A6版

陳宛茜　鄭清文獲童話獎：高興被小孩選上　聯合報　2004年3月1日　A12版

〔人間福報〕　九歌年度文學獎三得獎人出爐童話獎〔鄭清文部分〕　人間福報　2004年3月1日　6版

林采韻　國藝獎五得主，以生命力持續創作〔鄭清文部分〕　中國時報　2005年7月5日　D8版

黑中亮　國家文藝獎，第九屆揭曉〔鄭清文部分〕　民生報　2005年7月5日　A10版

李玉玲　國家文藝獎，美術、建築落空〔鄭清文部分〕　聯合報　2005年7月5日　C6版

洪士惠　王安祈、鄭清文獲「國家文藝獎」　文訊雜誌　第238期　2005年8月　頁97-98

陳玲芳　本土出發，國際發光——鄭清文國際學術研討會明登場　台灣日報　2006年5月26日　12版

顧敏耀　鄭清文（1932- ）榮獲「國家文藝獎」的小說家　2005台灣文學年鑑　台南　國家台灣文學館籌備處　2006年10月　頁370

作品評論篇目

綜論

王鼎鈞　作品充滿鄉土色彩的台灣作家〔鄭清文部分〕　文星　第5卷第2期　1959年12月　頁25

葉石濤　兩年來的省籍作家及其小說（上、下）〔鄭清文部分〕　台灣日報　1967年10月25-26日

　　　8版

葉石濤　兩年來的省籍作家及其小說〔鄭清文部分〕　台灣文藝　第19期　1968年4月　頁41

葉石濤　兩年來的省籍作家及其小說〔鄭清文部分〕　葉石濤評論集　台北　蘭開書局　1968年9
　　　月　頁148-149

葉石濤　兩年來的省籍作家及其小說〔鄭清文部分〕　台灣鄉土作家論集　台北　遠景出版公司
　　　1981年2月　頁74

葉石濤　兩年來的省籍作家及其小說〔鄭清文部分〕　葉石濤全集・評論卷一　台南，高雄　國立
　　　台灣文學館，高雄市文化局　2008年3月　頁155

葉石濤　兩年來的省籍作家及其小說〔鄭清文部分〕　台灣文學路──葉石濤評論選集　高雄　春
　　　暉出版社　2013年10月　頁27

葉石濤　一年來的省籍作家及其作品──兼論省籍作家的特質（1-6）〔鄭清文部分〕　台灣日報
　　　　1968年12月28-31日，1969年1月1-2日　8版

葉石濤　一年來的省籍作家及其作品──兼論省籍作家的特質（下）〔鄭清文部分〕　台灣文藝
　　　第27期　1970年4月　頁37-38

葉石濤　一年來的省籍作家及其作品──兼論省籍作家的特質〔鄭清文部分〕　台灣鄉土作家論集
　　　　台北　遠景出版公司　1981年2月　頁98-99

葉石濤　一年來的省籍作家及其作品──兼論省籍作家的特質〔鄭清文部分〕　葉石濤全集・評論
　　　卷一　台南，高雄　國立台灣文學館，高雄市文化局　2008年3月　頁273-274

葉石濤　一年來的省籍作家及其作品〔鄭清文部分〕　台灣文學路──葉石濤評論選集　高雄　春
　　　暉出版社　2013年10月　頁52-53

林柏燕　評介鄭清文的小說兼論小說的本質　幼獅文藝　第183期　1969年3月　頁95-103

林柏燕　評介鄭清文的小說兼論小說的本質　文學探索　台北　書評書目社　1973年9月　頁1-14

書評書目資料室　鄭清文　書評書目　第14期　1974年6月　頁93-94

林柏燕　林柏燕批評集錦──論鄭清文　中華文藝　第58期　1975年12月　頁98

楊昌年　鄭清文　近代小說研究　台北　蘭台書局　1976年1月　頁561

葉石濤　論鄭清文小說裡的「社會意識」　台灣文藝　第56期　1977年10月　頁138-145

葉石濤　論鄭清文小說裡的「社會意識」　作家的條件　台北　遠景出版公司　1981年6月　頁99-
　　　107

葉石濤　論鄭清文小說裡的「社會意識」　葉石濤全集・評論卷二　台南，高雄　國立台灣文學
　　　館，高雄市文化局　2008年3月　頁55-64

葉石濤　論鄭清文小說裡的「社會意識」　臺灣現當代作家研究資料彙編・鄭清文　台南　國立台
　　　灣文學館　2012年3月　頁141-147

壹闡提〔李喬〕，喬辛嘉〔陳恆嘉〕；洪醒夫記　鄭清文所建構的大廈──壹闡提・喬辛嘉對談記
　　　錄　台灣文藝　第56期　1977年10月　頁160-175

壹闡提，喬辛嘉；洪醒夫記　鄭清文所建構的大廈　不滅的詩魂　台北　台灣文藝出版社　1981年
　　　1月　頁67-92

壹闡提，喬辛嘉對談；洪醒夫記　鄭清文所建構的大廈──壹闡提・喬辛嘉對談記錄　洪醒夫全
　　　集・評論卷　彰化　彰化縣文化局　2001年6月　頁183-208

彭瑞金　大王椰子──二十年來的鄭清文　台灣文藝　第56期　1977年10月　頁176-190

彭瑞金　大王椰子──二十年來的鄭清文　泥土的香味　台北　東大圖書公司　1980年4月　頁57-
　　　71

彭瑞金　大王椰子──二十年來的鄭清文　鄭清文短篇小說全集・鄭清文和他的文學　台北　麥田
　　　出版公司　1998年6月　頁27-42

彭瑞金　大王椰子──二十年來的鄭清文　臺灣現當代作家研究資料彙編・鄭清文　台南　國立台灣文學館　2012年3月　頁185-195

陳垣三　追尋──論鄭清文的文體　台灣文藝　第56期　1977年10月　頁191-203

陳垣三　追尋──論鄭清文的文體　故里人歸　台北　台北縣立文化中心　1993年6月　〔21〕頁

陳垣三　追尋──論鄭清文的文體　鄭清文集（台灣作家全集）　台北　前衛出版社　1993年12月　頁313-335

陳垣三　追尋──論鄭清文的文體　鄭清文短篇小說全集・鄭清文和他的文學　台北　麥田出版公司　1998年6月　頁43-64

陳垣三　追尋──論鄭清文的文體　臺灣現當代作家研究資料彙編・鄭清文　台南　國立台灣文學館　2012年3月　頁163-177

董保中　Burden of Commitment and Cheng Ching-Wen's Modern Heroes: Dilemma in Human Relations　亞洲文化　第5卷第1期　1978年3月　頁94-98

蔡源煌　鄭清文的第一人稱小說[15]　中外文學　第8卷第12期　1980年5月　頁64-75

蔡源煌　鄭清文的第一人稱小說　幼獅文藝　第317期　1980年5月　頁4-16

李　喬　鄭清文作品討論會──李喬[16]　文學界　第2期　1982年4月　頁7-16

李　喬　鄭清文的寫作歷程與小說特色　台灣文學造型　高雄　派色文化出版社　1992年7月　頁181-194

林梵〔林瑞明〕　悲憫與同情──鄭清文的小說主題　文學界　第2期　1982年4月　頁69-80

林瑞明　悲憫與同情──鄭清文的小說主題　台灣文學的本土觀察　台北　允晨文化公司　1996年7月　頁153-170

林瑞明　悲憫與同情──鄭清文的小說主題　鄭清文短篇小說全集・鄭清文和他的文學　台北　麥田出版公司　1998年6月　頁75-92

隱　地　作家與書的故事：舒凡、鄭清文　新書月刊　第3期　1983年12月　頁76-77

隱　地　鄭清文　作家與書的故事　台北　爾雅出版社　1985年11月　頁15-17

彭瑞金　1983台灣小說選導言〔鄭清文部分〕　1983台灣小說選　台北　前衛出版社　1984年4月　頁8-9

齊邦媛　江河匯集成海的六十年代小說〔鄭清文部分〕　文訊雜誌　第13期　1984年8月　頁57

齊邦媛　江河匯集成海的六十年代小說〔鄭清文部分〕　霧漸漸散的時候　台北　九歌出版社　1998年10月　頁72

葉石濤　七十年代台灣文學的回顧[17]　沒有土地・哪有文學　台北　遠景出版公司　1985年6月　頁56-57

葉石濤　七〇年代台灣文學的回顧　葉石濤全集・隨筆卷二　台南，高雄　國立台灣文學館，高雄市文化局　2008年3月　頁65

葉石濤　台灣文學史大綱（後篇）──六十年代的台灣文學：無根與放逐〔鄭清文部分〕　文學界　第15期　1985年8月　頁170

葉石濤　六〇年代的台灣文學──無根與放逐〔鄭清文部分〕　台灣文學史綱　高雄　文學界雜誌社　1991年9月　頁130-131

葉石濤　台灣文學史綱──六〇年代的台灣文學──無根與放逐〔鄭清文部分〕　葉石濤全集・評論卷五　台南，高雄　國立台灣文學館，高雄市文化局　2008年3月　頁146-147

葉石濤　走過紛爭歲月・邁向多元年代──台灣文學的回顧與前瞻（上、中、下）〔鄭清文部分〕　自立晚報　1985年10月29-31日　10版

葉石濤　走過紛爭歲月，邁向多元世代──台灣文學的回顧與前瞻〔鄭清文部分〕　葉石濤全集・評論卷三　台南，高雄　國立台灣文學館，高雄市文化局　2008年3月　頁299-300

趙玉泉　鄭清文的小說　現代台灣文學史　瀋陽　遼寧大學出版社　1987年12月　頁670-677

〔黃維樑編〕　對小說的看法和評論——鄭清文　中國當代短篇小說選（第一集）　香港　新亞洲
　　　出版社　1988年4月　頁419

古繼堂　六十年代台灣鄉土小說的成就〔鄭清文部分〕　台灣小說發展史　台北　文史哲出版社
　　　1989年7月　頁435-437

彭瑞金　埋頭深耕的年代（一九六〇──一九六九）——本土文學的理論與實踐〔鄭清文部分〕　台
　　　灣新文學運動四十年　台北　自立晚報社　1991年3月　頁129

彭瑞金　回歸寫實與本土化運動（一九七〇──一九七九）——鄉土文學的全盛時期〔鄭清文部分〕
　　　台灣新文學運動四十年　台北　自立晚報社　1991年3月　頁170-171

岡崎郁子著；陳思譯　為台灣兒童編織童話的鄭清文　自立晚報　1991年4月27日　19版

陸士清　鄭清文　台灣小說選講新編　上海　復旦大學出版社　1991年9月　頁39-42

莊明萱　文學的極端政治化和非政治化傾向對它的離棄——「戰鬥文學」的高倡及其演變和特點
　　　〔鄭清文部分〕　台灣文學史（下）　福州　海峽文藝出版社　1993年1月　頁42

朱雙一　鄭清文、李喬的小說創作　台灣文學史（下）　福州　海峽文藝出版社　1993年1月　頁
　　　296-303

王文伶　鄭清文　台灣喜劇小說選　台北　新地文學出版社　1993年3月　頁1

陸士清　台灣小說拾萃——獨具風格的鄭清文　台灣文學新論　上海　復旦大學出版社　1993年6
　　　月　頁309-312

董炳月　歷史風俗畫與心靈備忘錄　檳榔城　武漢　長江文藝出版社　1993年10月　頁1-19

董炳月　歷史風俗畫與心態備忘錄——鄭清文小說感言　小說評論　1994年第1期　1994年2月
　　　頁86-90

董炳月　歷史風俗畫與心靈備忘錄——評鄭清文的小說（上、下）　幼獅文藝　第493-494期
　　　1995年1-2月　頁84-91，84-88

林瑞明　以生命的熱情觀察人生——《鄭清文集》序　鄭清文集（台灣作家全集）　台北　前衛出
　　　版社　1993年12月　頁9-14

林瑞明　以生命的熱情觀察人生——《鄭清文集》　短篇小說卷別冊（台灣作家全集）　台北　前
　　　衛出版社　1994年3月　頁107-112

林瑞明　以生命的熱情觀察人生——《鄭清文集》　台灣文學的本土觀察　台北　允晨文化公司
　　　1996年7月　頁196-201

林瑞明　描繪人性的觀察家——鄭清文的文字與風格　鄭清文集（台灣作家全集）　台北　前衛出
　　　版社　1993年12月　頁337-353

許素蘭　在孤冷的冰山下燃燒——釋放鄭清文小說中女性的特質（上、下）　台灣時報　1994年7
　　　月22-23日　22版

許素蘭　在孤冷的冰山下燃燒——論鄭清文小說中的女性特質　文學與心靈對話　台南　台南市立
　　　文化中心　1995年4月　頁31-42

許素蘭　找尋一座名喚新莊的舊鎮　台灣時報　1994年12月4日　26版

張超主編　鄭清文　台港澳及海外華人作家辭典　江蘇　南京大學出版社　1994年12月　頁696-
　　　697

莫　渝　兼具誠摯與純粹美德的作家——踏進鄭清文的文學殿堂[18]　文化通訊　第1期　1995年1月
　　　頁27

莫　渝　誠摯與純粹——記鄭清文　愛與和平的禮讚　台北　草根出版公司　1997年4月　頁139-
　　　147

賴松輝　「冰山理論」與鄭清文的創作觀　新生代台灣文學研究的面向論文集　彰化　台灣磺溪文

化學會　1995年6月　頁97-125

賴松輝　「冰山理論」與鄭清文的創作觀　臺灣現當代作家研究資料彙編・鄭清文　台南　國立台灣文學館　2012年3月　頁279-292

李　喬　當代台灣小說的「解救」表現——當代台灣小說的解救表現〔鄭清文部分〕　第二屆台灣本土文化國際學術研討會論文集——台灣文學與社會　台北　台灣師範大學文學院國文學系，人文教育研究中心主辦　1996年4月20-21日

李　喬　當代台灣小說的「解救」表現——「解脫型」主題表現〔鄭清文部分〕　李喬文學文化論集（一）　苗栗　苗栗縣文化局　2007年10月　頁79-83

葉石濤　六〇年代的本土小說〔鄭清文部分〕　台灣新聞報　1996年5月23日　19版

葉石濤　六〇年代的本土小說〔鄭清文部分〕　葉石濤全集・評論卷五　台南　國立台灣文學館，高雄市文化局　2008年4月

岡崎郁子著；鄭清文譯　鄭清文——為台灣文學啟開創作童話的新頁　台灣文學——異端的系譜　台北　前衛出版社　1996年9月　頁243-270

岡崎郁子　鄭清文——為台灣文學啟開創作童話的新頁　台湾文学——異端の系譜　東京　田畑書店　1996年10月　頁257-287

岡崎郁子　鄭清文——為台灣文學啟開創作童話的新頁　臺灣現當代作家研究資料彙編・鄭清文　台南　國立台灣文學館　2012年3月　頁227-235

古繼堂　台灣當代小說創作——鍾肇政、李喬、鄭清文　中華文學通史・當代文學編（9）　北京　華藝出版社　1997年9月　頁449

許素蘭　寂寞的大王椰子——發現鄭清文的台灣小說（上、下）　台灣日報　1997年12月31日-1998年1月1日　27版

許素蘭　發現鄭清文的台灣小說　秋夜　台北　麥田出版公司　1998年6月　頁3-15

齊邦媛　新莊、舊鎮、大水河——關於鄭清文小說選《三腳馬》英譯本[19]　中國時報　1998年5月14日　37版

齊邦媛　（總序）新莊、舊鎮、大水河——鄭清文短篇小說和台灣的百年滄桑　鄭清文短篇小說全集・水上組曲　台北　麥田出版公司　1998年6月　頁3-10

齊邦媛　新莊、舊鎮、大水河——鄭清文短篇小說和台灣的百年滄桑　霧漸漸散的時候　台北　九歌出版社　1998年10月　頁271-280

齊邦媛　新莊、舊鎮、大水河——鄭清文短篇小說和台灣的百年滄桑　臺灣現當代作家研究資料彙編・鄭清文　台南　國立台灣文學館　2012年3月　頁149-154

黃儀婷　鄭清文筆下的女性　台灣師範大學國文研究所86學年度資優生論文發表會　台北　台灣師範大學國文研究所　1998年5月16日

蔡尚志　台灣兒童文學今奈何？〔鄭清文部分〕　第一屆兒童文學國際會議論文集　台中　靜宜大學文學院　1998年5月30-31日　頁224-225

張　殿　作家為孩子寫書，以童稚般的信念〔鄭清文部分〕　聯合報　1998年6月29日　41版

梅家玲　時間・女性・敘述——小說鄭清文　最後的紳士　台北　麥田出版公司　1998年6月　頁3-15

梅家玲　時間・女性・敘述——小說鄭清文　臺灣現當代作家研究資料彙編・鄭清文　台南　國立台灣文學館　2012年3月　頁255-263

陳芳明　英雄與反英雄崇拜——論鄭清文的短篇小說　鄭清文短篇小說全集・三腳馬　台北　麥田出版公司　1998年6月　頁3-9

陳芳明　英雄與反英雄崇拜——論鄭清文的短篇小說　深山夜讀　台北　聯合文學出版社　2001年3月　頁226-231

陳芳明　英雄與反英雄崇拜——論鄭清文的短篇小説　深山夜讀　台北　聯合文學出版社　2008年9月　頁226-231

陳芳明　英雄與反英雄崇拜——論鄭清文的短篇小説　臺灣現當代作家研究資料彙編·鄭清文　台南　國立台灣文學館　2012年3月　頁217-221

李瑞騰　衝突：化解或者更形惡化——我讀鄭清文近期小説　鄭清文短篇小説全集·白色時代　台北　麥田出版公司　1998年6月　頁3-10

李瑞騰　衝突：化解或者更形惡化——我讀鄭清文近期小説（上、下）　台灣日報　1998年9月9-10日　27版

李瑞騰　衝突：化解，或者更形惡化——我讀鄭清文近期小説　臺灣現當代作家研究資料彙編·鄭清文　台南　國立台灣文學館　2012年3月　頁265-270

董成瑜　冰山理論掩不住鄭清文　中國時報　1998年7月16日　41版

曾意芳　鄭清文文學有顆單純的心　中央日報　1998年8月6日　18版

曾意晶　鄭清文短篇小説中的女性處境　台灣人文　第3期　1999年6月　頁57-70

楊　照　台灣鄉下人的本色——閲讀鄭清文的小説　中國時報　1999年7月16日　37版

楊　照　台灣鄉下人的本色——閲讀鄭清文的小説　臺灣現當代作家研究資料彙編·鄭清文　台南　國立台灣文學館　2012年3月　頁271-273

邱各容　關懷本土的鄭清文　兒童文學學會會訊　第16卷第1期　2000年1月　頁4-6

黃　硯　閲讀鄭清文——擁抱文學真實性　卓越雜誌　第187期　2000年3月　頁170-174

許素蘭　簸箕谷與大水河的意象交疊——小説家鄭清文的文學原型　中央日報　2000年4月3日　12版

鄭靜瑜　素樸文字描繪農村眷戀　自由時報　2000年4月6日　40版

詹家觀　鄭清文小説中的家國想像與政治書寫　中文研究學報　第3期　2000年6月　頁129-145

葉益青　啜飲一杯舊鎮青草茶　中央日報　2000年7月13日　22版

李魁賢　白沙灘上的琴聲　民眾日報　2000年7月20日　17版

Pat Gao　The Magic of Language　Taipei Review　第6期　2001年8月　頁58-65

李　喬　台灣小説中的宗教主題〔鄭清文部分〕　輔仁大學第四屆文學與宗教國際會議　台北　輔仁大學外語學院，輔仁大學中文系、英文系、法文系、日文系　2001年11月23-24日

李　喬　台灣小説中的宗教主題〔鄭清文部分〕　李喬文學文化論集（一）　苗栗　苗栗縣文化局　2007年10月　頁190-193

林政華　台灣本土小説名家與名作——鄭清文　台灣文學汲探　台北　文史哲出版社　2002年3月　頁128-155

蕭友泰　鄭清文——小國家大文學　2000台灣文學年鑑　台北　行政院文建會　2002年4月　頁194-197

張靜茹　結與解——鄭清文短篇小説中人物的困境與抉擇　馬偕護理專科學校學報　第2期　2002年5月　頁161-180

黃秋芳　拓展少年小説的台灣風情——兩種風格：鄭清文和李喬　台灣少年小説學術研討會　台東　台東師範學院兒童文學研究所主辦　2002年6月8-9日

黃秋芳　拓展少年小説的台灣風情——兩種風格：鄭清文和李喬　少兒文學天地寬——台灣少年小説學術研討會論文集　台北　九歌出版社　2002年6月　頁198-201

古繼堂　反共文學壓制下默默耕耘的現實主義文學——李喬、鄭清文　簡明台灣文學史　北京　時事出版社　2002年6月　頁272-273

林政華　堅持本土刻畫國人形象的小説大家——鄭清文　台灣新聞報　2002年11月26日　9版

林政華　堅持本土刻畫國人形象的小説大家——鄭清文　台灣古今文學名家　桃園　開南管理學院

通識教育中心　2003年3月　頁67

林雯卿　鄭清文短篇小說中的自我追尋、孤獨與超越　東方人文學誌　第2卷第1期　2003年3月　頁203-215

施英美　鄉土文學作家的現代性追求〔鄭清文部分〕　《聯合報》副刊時期（1953-1963）的林海音研究　靜宜大學中國文學系　碩士論文　陳芳明，胡森永教授指導　2003年6月　頁148-150

王景山　鄭清文　台港澳暨海外華文作家辭典　北京　人民文學出版社　2003年7月　頁837-839

高麗敏　戰後桃園縣新文學代表作家作品──鄭清文　桃園縣文學史料之分析與研究　東吳大學中國文學系　碩士論文　陳明台教授指導　2003年7月　頁165-169

李進益　直面人生──論契訶夫對鄭清文短篇小說之影響[20]　花蓮師院學報　第17期　2003年11月　頁23-33

台灣筆會通訊編輯　鄭清文簡介　台灣筆會通訊　第2期　2004年3月　頁11

許俊雅　作者簡介　現代小說讀本　台北　揚智文化公司　2004年8月　頁242-243

謝鴻文　以悲憫之心為台灣而寫：鄭清文[21]　桃園縣兒童文學發展之研究　佛光人文社會學院文學研究所　碩士論文　陳信元教授指導　2005年1月　頁77-87

謝鴻文　成長：以自覺之心呵護兒童文學──以悲憫之心為台灣而寫：鄭清文　凝視台灣兒童文學的重鎮──桃園縣兒童文學史　台北　富春文化公司　2006年12月　頁120-135

邱各容　七〇年代的台灣兒童文學──作家與作品〔鄭清文部分〕　台灣兒童文學史　台北　五南圖書出版公司　2005年6月　頁140-141

彭瑞金　鄭清文──奉行冰山創作論的文學使徒　台灣文學50家　台北　玉山社出版公司　2005年7月　頁328-334

邱各容　以生命熱忱關愛人生的鄭清文──台灣兒童文學作家與作品研究系列之一[22]　全國新書資訊月刊　第79期　2005年7月　頁4-13

邱各容　鄭清文──以生命熱誠關愛人生　台灣兒童文學作家及作品論　台北　富春文化公司　2008年8月　頁190-213

陳垣三　椰子樹的成長──評介台灣名作家鄭清文及其作品（一）　台灣公論報　2005年8月30日　12版

陳垣三　椰子樹的成長──評價台灣名作家鄭清文及其作品（二）　台灣公論報　2005年9月6日　12版

陳垣三　評價台灣名作家鄭清文及其作品（四）──椰子樹的成長　台灣公論報　2005年9月20日　12版

陳垣三　評價台灣名作家鄭清文及其作品（五）──椰子樹的成長　台灣公論報　2005年9月27日　12版

周慶塘　鄭清文小說中的鄉土描寫[23]　中山醫學大學第一屆台灣語文暨文化研討會　台中　中山醫學大學台灣語文學系主辦　2006年4月29-30日

周慶塘　鄭清文小說中的鄉土描寫　中山醫學大學第一屆台灣語文暨文化研討會　台中　中山醫學大學台灣語文學系主辦　2007年3月　頁51-62

林鎮山，蘿絲·史丹福　花香與福爾摩沙──鄭清文的台灣女性小說　文學台灣　第58期　2006年4月　頁136-147

林鎮山，蘿絲·史丹福　花香與福爾摩沙──鄭清文的台灣女性小說　玉蘭花：鄭清文短篇小說選2　台北　麥田出版公司　2006年6月　頁3-14

林鎮山　從鄭清文的外譯經驗談起　2006年鄭清文國際學術研討會　嘉義，台南，台北　中正大學台灣文學研究所，國家台灣文學館籌備處，教育部主辦　2006年5月27-28日

江寶釵　那嗡嗡個不停的蚊聲——鄭清文小說中的批判意識　2006年鄭清文國際學術研討會　嘉義，台南，台北　中正大學台灣文學研究所，國家台灣文學館籌備處，教育部主辦　2006年5月27-28日

許建崑　童心、原創與鄉土——鄭清文的童話圖譜 [24]　2006年鄭清文國際學術研討會　嘉義，台南，台北　中正大學台灣文學研究所，國家台灣文學館籌備處，教育部主辦　2006年5月27-28日

許建崑　童心、原創與鄉土——鄭清文的童話圖譜　東海中文學報　第19期　2007年7月　頁285-302

徐照華　冷眼熱腸——論鄭清文短篇小說中的悲憫情懷　2006年鄭清文國際學術研討會　嘉義，台南，台北　中正大學台灣文學研究所，國家台灣文學館籌備處，教育部主辦　2006年5月27-28日

蔡振念　鄭清文短篇小說中異化的現代英雄 [25]　2006年鄭清文國際學術研討會　嘉義，台南，台北　中正大學台灣文學研究所，國家台灣文學館籌備處，教育部主辦　2006年5月27-28日

蔡振念　鄭清文短篇小說中異化的現代英雄　樹的見證——鄭清文文學論集　台北　麥田出版公司　2007年3月　頁37-62

蔡振念　鄭清文短篇小說中異化的現代英雄　臺灣現當代作家研究資料彙編・鄭清文　台南　國立台灣文學館　2012年3月　頁327-348

陳國偉　被訴說的歷史主體——鄭清文的小說「物體」系 [26]　2006年鄭清文國際學術研討會　嘉義，台南，台北　中正大學台灣文學研究所，國家台灣文學館籌備處，教育部主辦　2006年5月27-28日

陳國偉　被訴說的歷史主體——鄭清文的小說「物體」系　樹的見證——鄭清文文學論集　台北　麥田出版公司　2007年3月　頁63-84

許素蘭　走出簸箕谷・走向廣闊的世界——鄭清文小說中的「山谷」意象及其變衍 [27]　2006年鄭清文國際學術研討會　嘉義，台南，台北　中正大學台灣文學研究所，國家台灣文學館籌備處，教育部主辦　2006年5月27-28日

許素蘭　走出簸箕谷，走向廣闊的世界——論鄭清文小說中的「山谷」意象及其變衍　樹的見證——鄭清文文學論集　台北　麥田出版公司　2007年3月　頁101-122

許素蘭　走出簸箕谷，走向廣闊的世界——論鄭清文小說中的「山谷」意象及其變衍　臺灣現當代作家研究資料彙編・鄭清文　台南　國立台灣文學館　2012年3月　頁197-215

岡崎郁子　鄭清文的創作童話——從孤兒意識與生態保護的觀點論起 [28]　2006年鄭清文國際學術研討會　嘉義，台南，台北　中正大學台灣文學研究所，國家台灣文學館籌備處，教育部主辦　2006年5月27-28日

岡崎郁子　鄭清文的創作童話——從孤兒意識與生態保護的觀點論起　樹的見證——鄭清文文學論集　台北　麥田出版公司　2007年3月　頁167-186

岡崎郁子　鄭清文の創作童話——孤児意識と生態系保護の視点から　吉備国際大学政策マネジメント学部研究紀要　第3號　2007年3月　頁59-68

徐錦成　重探鄭清文童話的爭議——以「幻想性」、「兒童性」為討論中心 [29]　2006年鄭清文國際學術研討會　嘉義，台南，台北　中正大學台灣文學研究所，國家台灣文學館籌備處，教育部主辦　2006年5月27-28日

徐錦成　重探鄭清文童話的爭議——以「幻想性」、「兒童性」為討論中心　樹的見證——鄭清文文學論集　台北　麥田出版公司　2007年3月　頁187-212

松浦恆雄　戰後日本的台灣現代文學翻譯〔鄭清文部分〕　2006年鄭清文國際學術研討會　2006年5月27-28日

松浦恆雄　關於台灣文學在日本的翻譯〔鄭清文部分〕　樹的見證——鄭清文文學論集　台北　麥田出版公司　2007年3月　頁239-248

林鎮山　文學望鄉‧家國想像——追憶似水年華——性別角色的省思〔鄭清文部分〕　離散‧家國‧敍述：台灣當代小說論述　台北　前衛出版社　2006年7月　頁291-292

戴淑芳　台灣童話的「在地化」省思——黃春明及鄭清文作品研究[30]　兒童文學學刊　第16期　2006年11月　頁213-243

陳國偉　台灣中心性的建構：福佬族群書寫的後殖民演繹〔鄭清文部分〕　想像台灣：當代小說中的族群書寫　台北　五南圖書出版公司　2007年1月　頁103-104，123-126

江寶釵　聖塔芭芭拉夜未眠——《鄭清文文學論集》編序　樹的見證——鄭清文文學論集　台北　麥田出版公司　2007年3月　〔6〕頁

李進益　異筆同書台灣情：李喬、鄭清文小說比較　第五屆台灣文化國際學術研討會——李喬的文學與文化論述　台北，台南　台灣師範大學台灣文學研究所，長榮大學台灣研究所　2007年4月27-29日

李進益　異筆同書台灣情——李喬、鄭清文小說比較　台灣語文與教學研討會暨論文發表會　高雄　高雄師範大學文學院　2007年6月10日

黃雅銘　忠誠與反叛：鄭清文短篇小說中的女性意志[31]　東吳中文研究集刊　第14期　2007年6月　頁191-208

李　喬　樸素文學〔鄭清文部分〕　李喬文學文化論集（二）　苗栗　苗栗縣文化局　2007年10月　頁140

林秀蓉　鄭清文短篇小說中的死亡意蘊探析　中國語文　第101卷第4期　2007年10月　頁47-54

許俊雅　大漢溪流域的文化與文學——新莊市——新莊作家之個案研究與介紹——台灣文學的景觀鄭清文先生　續修台北縣志‧藝文志第三篇‧文學（下）　台北　台北縣政府　2008年8月　頁58-66

鄭谷苑　給八歲到八八歲的讀者——從童話談鄭清文的文學思考　新地文學　第6期　2008年12月　頁57-66

鄭谷苑　給八歲到八八歲的讀者——從童話談鄭清文的文學思考　臺灣現當代作家研究資料彙編‧鄭清文　台南　國立台灣文學館　2012年3月　頁297-305

藍建春主編　冷筆熱寫下的台灣——鄭清文與李喬的小說　親近台灣文學——歷史、作家、故事　台中　耕書園出版公司　2009年2月　頁303-310

江寶釵　我要回來再唱歌——從階層書寫論「隱含作者」在鄭清文小說文本中的實踐[32]　文與哲　第14期　2009年6月　頁379-400

江寶釵　我要回來再唱歌——從階層書寫論「隱含作者」在鄭清文小說文本中的實踐　臺灣現當代作家研究資料彙編‧鄭清文　台南　國立台灣文學館　2012年3月　頁353-375

陳詩尊　論鄭清文童話中的主題[33]　雲科漢學學刊　第7期　2009年6月　頁79-101

李上儀　坐波回望的家鄉情——鄭清文筆下的新莊　北縣文化　第102期　2009年8月　頁22-25

李進益　鄭清文小說中的女性[34]　第十三屆台灣文學家牛津獎暨鄭清文文學學術研討會　台北　真理大學人文學院台灣文學系　2009年11月28日

李進益　鄭清文小說中的女性　第十三屆台灣文學家牛津獎暨鄭清文文學學術研討會資料彙集　台北　真理大學人文學院台灣文學系　2009年12月　頁15-24

李進益　鄭清文小說中的女性　國文學報　第16期　2012年6月　頁1-18

蔡易澄　鄭清文家庭倫理的建立——從短篇小說中的「外遇」談起[35]　第十三屆台灣文學家牛津獎暨鄭清文文學學術研討會　台北　真理大學人文學院台灣文學系　2009年11月28日

蔡易澄　鄭清文家庭倫理的建立——從短篇小說中的「外遇」談起　第十三屆台灣文學家牛津獎暨

鄭清文文學學術研討會資料彙集　台北　真理大學人文學院台灣文學系　2009年12月　頁25-40

錢鴻鈞　從鄭清文、鍾肇政往來書簡看兩人的為人與文[36]　第十三屆台灣文學家牛津獎暨鄭清文文學學術研討會　台北　真理大學人文學院台灣文學系　2009年11月28日

錢鴻鈞　從鄭清文、鍾肇政往來書簡看兩人的為人與文風　第十三屆台灣文學家牛津獎暨鄭清文文學學術研討會資料彙集　台北　真理大學人文學院台灣文學系　2009年12月　頁41-74

魏淑貞　談鄭清文童話繪本[37]　第十三屆台灣文學家牛津獎暨鄭清文文學學術研討會　台北　真理大學人文學院台灣文學系　2009年11月28日

魏淑貞　談鄭清文童話繪本　第十三屆台灣文學家牛津獎暨鄭清文文學學術研討會資料彙集　台北　真理大學人文學院台灣文學系　2009年12月　頁93-94

馬靖雯　鄭清文童話中的政治寓言初探[38]　第十三屆台灣文學家牛津獎暨鄭清文文學學術研討會　台北　真理大學人文學院台灣文學系　2009年11月28日

馬靖雯　鄭清文童話中的政治寓言初探　第十三屆台灣文學家牛津獎暨鄭清文文學學術研討會資料彙集　台北　真理大學人文學院台灣文學系　2009年12月　頁104-118

李　喬　鄭清文文學版圖與入口[39]　第十三屆台灣文學家牛津獎暨鄭清文文學學術研討會資料彙集　台北　真理大學人文學院台灣文學系　2009年12月　頁8-14

陳詩尊　論鄭清文童話中的人物刻畫[40]　雲科漢學學刊　第8期　2009年12月　頁157-176

陳良吉　試論冰山理論的敘事者干預考察與運用——以鄭清文小說為例　「國文經緯」——彰化師範大學國文系暨台文所研究生論文發表會　彰化　彰化師範大學國文系，台文所主辦　2010年4月24日

林文寶　推薦鄭清文：描寫台灣城鄉風土　紙青蛙：鄭清文精選集　台北　九歌出版社　2010年4月　頁6-7

李進益　鄭清文作品中的台灣歷史與記憶　跨文化與現代性：歐亞文化語境中的華文文學與文化（一）學術研討會　台北　中研院文哲所主辦　2010年5月20-21日

李進益　鄭清文作品中的台灣歷史與記憶　臺灣現當代作家研究資料彙編・鄭清文　台南　國立台灣文學館　2012年3月　頁377-393

鄭懿瀛　童心童趣——鄭清文構築新童話世界　書香遠傳　第84期　2010年5月　頁48-51

黃千千　童心童趣——鄭清文的童話世界　線性文學時空的相聚——2010年佛光大學文學系研究生論文發表會　宜蘭　佛光大學文學系主辦　2010年8月25-26日

關首奇　兒童、鬼話與民俗——司馬中原與鄭清文的童話比較　第四屆台大、清大台灣文學研究所研究生學術交流會　新竹　台灣大學台文所，清華大學台文所主辦　2010年10月15-16日

松崎寬子　鄭清文とその時代：1979年の作品を中心に[41]　東京大学中国語中国文学研究室紀要　第13號　2010年11月　頁92-128

紀大偉　特殊性的呈現：鄭清文小說中的歷史、身體、妻子　「從東亞文學看性／別」工作坊　台北　日本百合女子大學，政治大學台灣文學研究所主辦　2011年2月26日

紀大偉著；橫路啟子譯　特殊性の表れ——鄭清文の小説における歴史、身体、そして妻　文学、社会、歴史の中の女性たち〈1〉学際的視点から　東京　丸善出版社　2012年2月

陳栢青　鄭清文：冷靜筆法下的無聲感嘆　文訊雜誌　第307期　2011年5月　頁69

陳芳明　台灣鄉土文學運動中的論戰與批判——一九七〇年代台灣小說的前行代［鄭清文部分］　台灣新文學史　台北　聯經出版公司　2011年10月　頁552-554

李進益　根植台灣・追求自我——鄭清文研究綜述　臺灣現當代作家研究資料彙編・鄭清文　台南　國立台灣文學館　2012年3月　頁91-98

李進益　鄭清文作品中的政治寓意　第六屆思維與創作學術研討會　台南台南大學國語文學系主辦

　　　　　　2012年5月19日

余昭玟　低音主調──《台灣文藝》的寫實路線──戰後第二代作家──以小說見證歷史的鄭清文
　　　　從邊緣發聲──台灣五、六〇年代崛起的省籍作家群　台南　國立台灣文學館　2012年
　　　　10月　頁200-203

郭家琪　「文淡如菊」、「悠深淡遠」的鄭清文　鴻溝與跨越──兩岸鄉土小說比較　北京大學中
　　　　國語言文學系　博士論文　曹文軒教授指導　2013年6月　頁100-106

郭家琪　莫言與鄭清文的比較　鴻溝與跨越──兩岸鄉土小說比較　北京大學中國語言文學系　博
　　　　士論文　曹文軒教授指導　2013年6月　頁109-111

西田勝　訳者あとがき　丘蟻一族　東京　法政大學出版局　2013年9月　頁215-224

東　年　鄭清文鄉鎮小說寫作的意義　聯合文學　第352期　2014年2月　頁50-53

賴松輝　記憶的故鄉，書寫的故土〔鄭清文部分〕　聯合文學　第352期　2014年2月　頁54

馬　森　台灣現代小說的眾聲喧嘩〔鄭清文部分〕　世界華文新文學史──中國現代文學的兩度西
　　　　潮（下編）‧分流後的再生：第二度西潮與現代／後現代主義　台北　印刻文學生活雜誌
　　　　出版公司　2015年2月　頁1052-1053

王小平　殖民現代性視野中的個體生存──論鄭清文台灣殖民地經驗小說中的身份敘事　名作欣賞
　　　　2016年31期　2016年11月　頁77-82

呂佳龍　大水河下的翻滾與暗渦──悼鄭清文先生（1932-2017）　博客來閱讀生活誌　2017年11
　　　　月6日　本月精選

朱宥勳　台灣人的優雅──重讀鄭清文　蘋果日報　2017年11月8日　A13版

言叔夏　小說的餘地：閱讀鄭清文　自由時報　2018年1月9日　D7版

分論
◆單行本
【論述】
· 《台灣文學的基點》

杜文靖　定位台灣文學的「台灣文學評論專集」〔《台灣文學的基點》部分〕　文訊雜誌　第84期
　　　　1992年10月　頁92-93

· 《小國家大文學》

〔民眾日報〕　《小國家大文學》　民眾日報　2000年10月19日　17版

李魁賢　小文章大評論　民眾日報　2001年5月8日　15版

李魁賢　小文章大評論　李魁賢文集8　台北　行政院文建會　2002年10月　頁417-418

鄭德昌　談談鄭清文的《小國家大文學》概念　樹的見證──鄭清文文學論集　台北　麥田出版公
　　　　司　2007年3月　頁259-264

【小說】
· 《簸箕谷》

鍾肇政　鄭清文和他的《簸箕谷》　自由青年　第35卷第2期　1966年1月16日　頁18-19

鍾肇政　鄭清文和他的《簸箕谷》　作家群像　台北　大江出版社　1968年10月　頁493-496

鍾肇政　鄭清文和他的《簸箕谷》　臺灣現當代作家研究資料彙編‧鄭清文　台南　國立台灣文學
　　　　館　2012年3月　頁137-139

林少雯　作家的第一本書〔《簸箕谷》部分〕　中央日報　1999年6月28日　22版

· 《峽地》

易　安　《峽地》　省政文藝評介選輯　台中　台灣省政府新聞處　1972年6月　頁163-170

易　安　《峽地》　文壇　第146期　1972年8月　頁20-24

陳雨航　因為簡單，可以包含更多——我看《峽地》　峽地　台北　九歌出版社　1988年1月　頁6-9

陳雨航　因為簡單，可以包含更多　峽地　台北　九歌出版社　2004年11月　頁7-9

李進益　一首台灣農村的贊歌——論鄭清文長篇小說《峽地》　2006年鄭清文國際學術研討會　嘉義，台南，台北　中正大學台灣文學研究所，國家台灣文學館籌備處，教育部主辦　2006年5月27-28日

李進益　一首台灣農村的贊歌——論鄭清文長篇小說《峽地》　樹的見證——鄭清文文學論集　台北　麥田出版公司　2007年3月　頁123-140

歐宗智　堅毅的農村婦女形象塑造——論鄭清文《峽地》之阿福嫂　真善美的永恆追求：小說名著鑑賞　台北　致良出版社　2013年7月　頁207-224

・《校園裡的椰子樹》

壹闡提　我喜愛的書——《校園裡的椰子樹》　書評書目　第5期　1973年5月　頁57-58

胡坤仲　讀鄭清文《校園裡的椰子樹》　台灣日報　1976年9月29日　9版

林黛嫚　書寫富台灣精神的小人物生活——評介《校園裡的椰子樹》　在閱讀與書寫之間：評好書300種　台北　三民書局　2005年2月　頁98

・《現代英雄》

唐　拙　《現代英雄》[42]　中華日報　1976年7月19日　5版

唐　拙　《現代英雄》讀後　落花一片天上來　台北　爾雅出版社　1976年12月　頁134-137

亮　軒　永恆的生機——看《現代英雄》有感　落花一片天上來　台北　爾雅出版社　1976年12月　頁126-132

壹闡提　鄭清文《現代英雄》評析　台灣文藝　第56期　1977年10月　頁146-159

李　喬　評析《現代英雄》　台灣文學造型　高雄　派色文化出版社　1992年7月　頁74-100

方　瑜　抉擇與承擔——試論鄭清文的《現代英雄》　台灣時報　1978年11月16日　9版

方　瑜　抉擇與承擔——《現代英雄》　爾雅　台北　爾雅出版社　1981年7月　頁25-31

方　瑜　抉擇與承擔——試論鄭清文的《現代英雄》　中華現代文學大系（台灣1970-1989）評論卷（壹）　台北　九歌出版社　1989年5月　頁429-436

方　瑜　抉擇與承擔——試論鄭清文的《現代英雄》　鄭清文短篇小說全集・鄭清文和他的文學　台北　麥田出版公司　1998年6月　頁103-111

・《龐大的影子》

陳雨航　鄭清文《龐大的影子》　中國時報　1987年3月1日　8版

盛　鎧　成長小說與人世的浮沉——妥協成長小說：陳映真筆下「憂悒的小知識分子」與鄭清文的《龐大的影子》　歷史與現代性：一九七〇年代台灣文學與美術中的鄉土運動　輔仁大學比較文學研究所　博士論文　宋文里教授指導　2005年6月　頁158-163

・《最後的紳士》

郭明福　冰尖下的人生真相——試談《最後的紳士》　新書月刊　第13期　1984年10月　頁47-49

郭明福　冰尖下的人生真相　風簷展書讀　南投　南投縣文化局　1985年1月　頁139-147

郭明福　《最後的紳士》　琳瑯書滿目　台北　爾雅出版社　1985年7月　頁189-200

郭明福　冰尖下的人生真相——評《最後的紳士》　鄭清文短篇小說全集・鄭清文和他的文學　台北　麥田出版公司　1998年6月　頁93-102

・《局外人》

應鳳凰　十月、十一月的文學出版——鄭清文《局外人》　文訊雜誌　第15期　1984年12月　頁345

葉石濤　寧靜的絕望──評鄭清文的《局外人》　文訊雜誌　第16期　1985年2月　頁151-156

葉石濤　寧靜的絕望──評鄭清文的《局外人》　葉石濤全集‧評論卷三　台南，高雄　國立台灣
文學館，高雄市文化局　2008年3月　頁251-257

黃　娟　審判者──論鄭清文的《局外人》　自立晚報　1991年8月11日　5版

黃　娟　審判者──論鄭清文的《局外人》　政治與文學之間　台北　前衛出版社　1993年5月
頁105-116

聶雅婷　局內？或者局外？──讀鄭清文的《局外人》[43]　第十三屆台灣文學家牛津獎暨鄭清文文
學學術研討會　台北　真理大學人文學院台灣文學系　2009年11月28日

聶雅婷　局內？或者局外？──讀鄭清文的《局外人》　第十三屆台灣文學家牛津獎暨鄭清文文學
學術研討會資料彙集　台北　真理大學人文學院台灣文學系　2009年12月　頁137-150

‧《滄桑舊鎮》

應鳳凰，傅月庵　鄭清文──《滄桑舊鎮》　冊頁流轉──台灣文學書入門108　台北　印刻文學
生活雜誌出版公司　2011年3月　頁136-137

‧《報馬仔》

葉石濤　評鄭清文的《報馬仔》　台灣時報　1987年9月29日　8版

葉石濤　評鄭清文的《報馬仔》　走向台灣文學　台北　自立晚報社文化出版部　1990年3月　頁
236-238

葉石濤　評鄭清文的《報馬仔》　葉石濤全集‧評論卷四　台南，高雄　國立台灣文學館，高雄市
文化局　2008年3月　頁93-94

‧《不良老人》

許達然　序　不良老人　香港　文藝風出版社　1990年2月　頁1-2

‧《春雨》

齊邦媛　一本不肯寵壞讀者胃口的小說──《春雨》　中國時報　1991年2月8日　23版

邱子修　翻譯中的盲點──試探《春雨》英譯的幾個問題　2006年鄭清文國際學術研討會　嘉義，
台南，台北　中正大學台灣文學研究所，國家台灣文學館籌備處，教育部主辦　2006年5
月27-28日

邱子修　翻譯中的盲點──試探《春雨》英譯的幾個問題　樹的見證──鄭清文文學論集　台北
麥田出版公司　2007年3月　頁213-228

‧《合歡》

王德威　「聽香」的藝術──評鄭清文短篇小說全集《合歡》　合歡　台北　麥田出版公司　1998
年6月　頁3-7

王德威　「聽香」的藝術──評鄭清文《合歡》　眾聲喧嘩以後：點評當代中文小說　台北　麥田
出版公司　2001年10月　頁119-121

王德威　「聽香」的藝術──評鄭清文短篇小說全集《合歡》　臺灣現當代作家研究資料彙編‧鄭
清文　台南　國立台灣文學館　2012年3月　頁223-226

‧《相思子花》

陳　黎　《相思子花》　聯合報　1992年7月23日　26版

鄭樹森　堅持與突破──鄭清文《相思子花》　耶穌喜愛的小孩──第十六屆時報文學獎得獎作品
集　台北　時報文化出版公司　1993年12月　頁11-12

王德威　鄉愁以外的智慧──評鄭清文的《相思子花》　鄭清文短篇小說全集‧鄭清文和他的文學
台北　麥田出版公司　1998年6月　頁113-116

王德威　鄉愁以外的智慧──評鄭清文的《相思子花》　眾聲喧嘩以後：點評當代中文小說　台北
麥田出版公司　2001年10月　頁111-114

· *Three-Legged Horse*

Kristine Harley　WOUNDED TO WESTERN LIVES · Cheng-Ching wen's "Horse" Opens Taiwan to Western eyes　*The San Diego Union · Tribune*（聖地牙哥聯合論壇報）　1999年1月4版

Guan long Cao　Disorientations　*New York Time Book Review*　1999年3月7日　頁15

陳文芬　鄭清文小說英文譯本《三腳馬》登上紐約時報書評　中國時報　1999年3月24日　11版

· 《舊金山———一九七二》

李進益　碰撞與迴響———重讀鄭清文長篇小說《舊金山———一九七二》　台灣近五十年現代小說論文集　高雄　中山大學文學院，人文社會科學中心　2007年8月　頁101-112

松崎寬子　異邦人としての台湾アイデソティティ：鄭清文《舊金山———一九七二》における在米台湾留學生表象　台灣研究的國際化與深化———第二十屆天理台灣學會國際學士紀念大會　台北　天理台灣學會，中國文化大學主辦　2010年9月10-11日

松崎寬子　作為異鄉人的自我認同———鄭清文《舊金山———一九七二》裡的在美台灣留學生表象　第八屆東亞現代中文文學國際學術研討會　日本　日本大學文理學部中文科，慶應義塾大學文學部中文科，日吉中國現代文學研究會，慶應義塾大學教養研究中心，東京大學文學部中文科主辦　2010年10月25-26日

· 《玉蘭花》

江寶釵，羅林（J. B. Rollins）　論英譯鄭清文小說選《玉蘭花》的閱讀與文化介入　2006年鄭清文國際學術研討會　嘉義，台南，台北　中正大學台灣文學研究所，國家台灣文學館籌備處，教育部主辦　2006年5月27-28日

江寶釵，羅林（J. B. Rollins）　論英譯鄭清文小說選《玉蘭花》的閱讀與文化介入　樹的見證———鄭清文文學論集　台北　麥田出版公司　2007年3月　頁231-238

· 《青椒苗》

趙靜瑜　作家鄭清文80大壽·青椒苗書寫土地情感　自由時報　2012年9月17日　D8版

古斯塔夫　嚴選文學＋內行人推薦華文小說類———《青椒苗》　聯合文學　第338期　2012年12月頁54

向　陽　淡彩寫人間，深情繪浮世　聯合報　2013年2月23日　D3版

【兒童文學】

· 《新莊———失去龍穴的城鎮》

許俊雅　大漢溪流域的文化與文學———新莊市———文學中的新莊———鄭清文的《新莊———失去龍穴的城鎮》　續修台北縣志·藝文志第三篇·文學（下）　台北　台北縣政府　2008年8月頁52-58

· 《燕心果》

李　喬　成長的寓言———序《燕心果》　燕心果　台北　號角出版社　1985年3月　頁1-6

李　喬　成長的寓言———序《燕心果》　台灣文學造型　高雄　派色文化出版社　1992年7月　頁101-105

李　喬　成長的寓言　燕心果　台北　玉山社出版公司　2000年4月　頁160-165

郭明福　豆棚瓜架下的純真———試談《燕心果》　文訊雜誌　第19期　1985年8月　頁66-69

張程鈞　現代童話的結晶《燕心果》　散文季刊　第11期　1986年8月20日　4版

野　渡　趣味和完美的尋求———《燕心果》讀後　國語日報　1987年5月31日　3版

李　喬　兒童文學的文化角色———兼評鄭清文《燕心果》童話集（上、下）　首都早報　1989年8月30-31日　7版

李 喬　兒童文學的文化角色——兼評鄭清文《燕心果》童話集　台灣運動的文化與轉機　台北
　　　前衛出版社　1989年11月　頁129-138

陳映霞　《燕心果》　幼獅少年　第202期　1995年8月　頁38-39

許素蘭　價值顛覆與道德內化——鄭清文童話集《燕心果》主題意涵的曖昧性　全國新書資訊月刊
　　　第9期　1999年9月　頁6-8

趙天儀　我看《燕心果》　文訊雜誌　第178期　2000年8月　頁37

林文政　表現人情世態的智慧——《燕心果》鄭清文童話評介　孕育台灣人文意識——50好書　台
　　　北　前衛出版社　2007年9月　頁133-138

林玉芬　鄭清文《燕心果》中的寓意探討　東華中國文學研究　第13期　2014年3月　頁143-154

・《沙灘上的琴聲》

曹銘宗　陳建良繪圖台灣的色彩——和鄭清文合作的圖畫書《沙灘上的琴聲》昨發表　聯合報
　　　1998年6月13日　14版

柯青華　聽海洋的心跳　聯合報　1998年7月27日　41版

林意雪　《沙灘上的琴聲》　國語日報　1998年11月1日　3版

・《天燈・母親》

陳玉玲　農村的烏托邦——鄭清文的童話空間[44]　中國小說研究與方法論的應用國際學術研討會
　　　香港　亞洲文化中心　1999年3月26-27日

陳玉玲　農村的烏托邦——鄭清文的童話空間　文學台灣　第31期　1999年7月　頁207-228

陳玉玲　論鄭清文的《天燈・母親》[45]　天燈・母親　台北　玉山社出版公司　2000年4月　頁186-
　　　207

陳玉玲　論鄭清文的《天燈・母親》　自立晚報　2000年5月30日　15版

陳玉玲　農村的烏托邦：鄭清文的童話《天燈・母親》　台灣文學的國度：女性・本土・反殖民論
　　　述　台北　博揚文化公司　2000年7月　頁135-159

陳玉玲　農村的烏托邦——鄭清文的童話空間　臺灣現當代作家研究資料彙編・鄭清文　台南　國
　　　立台灣文學館　2012年3月　頁237-253

倪 端　用另一種方式飛翔　聯合報　2000年5月29日　48版

卓玫君　純真年代　中央日報　2000年7月3日　22版

許建崑　抓住那孩子吧！　中央日報　2000年7月3日　22版

蔡佩如　走入鄉土的時光隧道　中央日報　2000年7月3日　22版

蕭雪球　再也回不到的過去　中央日報　2000年7月3日　22版

張子樟　一種烏托邦的嚮往　中央日報　2000年7月3日　22版

張子樟　一種烏托邦的嚮往——《天燈・母親》的意涵　青春記憶的書寫：少兒文學賞析　台北
　　　幼獅文化公司　2008年10月　頁263-265

黃錦珠　童心與大自然的交響曲——讀鄭清文童話《天燈・母親》　文訊雜誌　第183期　2001年1
　　　月　頁24-25

應鳳凰　鄭清文的《天燈・母親》　台灣文學花園　台北　玉山社出版公司　2003年1月　頁111-
　　　116

何嘉駒　小說《天燈・母親》之背景　管絃樂曲《天燈・母親》及其創作理念　交通大學音樂研究
　　　所　碩士論文　楊聰賢教授指導　2004年6月　頁28-30

陳惠齡　對鄉土小說焦距的校準——論黃春明《放生》與鄭清文《天燈・母親》的後農村書寫[46]
　　　黃春明跨領域國際學術研討會　嘉義　中正大學台灣文學研究所，中國文學系，加拿大雅
　　　博達大學東亞系主辦　2008年5月31日，6月1日

陳惠齡　對鄉土小說焦距的微調與校準——論黃春明《放生》與鄭清文《天燈・母親》的後農村書

寫　東華人文學報　第14期　2009年1月　頁195-225

陳惠齡　對鄉土小説焦距的微調與校準：論黃春明《放生》與鄭清文《天燈・母親》的後農村書寫
　　　　鄉土性・本土化・在地感：台灣鄉土小説書寫風貌　台北　萬卷樓圖書公司　2010年4
　　　　月　頁107-141

陳惠齡　空間圖式化的隱喻性——台灣「新鄉土」小説中的地域書寫美學　［《天燈・母親》部分］
　　　　台灣文學研究學報　第9期　2009年10月　頁136-142

陳惠齡　童話故事裡的異想國度——鄭清文《天燈・母親》與甘耀明《水鬼學校和失去媽媽的水
　　　　獺》　鄉土性・本土化・在地感：台灣鄉土小説書寫風貌　台北　萬卷樓圖書公司　2010
　　　　年4月　頁80-87

・《採桃記》

王文仁　《採桃記》　台灣文學館通訊　第6期　2004年3月　頁93

李　喬　序——童話新境，生命新景　採桃記　台北　玉山社出版公司　2004年8月　頁5-7

陳美桂　一本純淨的人的童話——《採桃記》　中國時報　2004年9月12日　E2版

古道馨　《採桃記》　中央日報　2004年12月26日　17版

徐錦成　寫給台灣兒童的蟲魚鳥獸交響詩——評鄭清文《採桃記》　文訊雜誌　第238期　2005年8
　　　　月　頁66-67

徐錦成　寫給台灣兒童的蟲魚鳥獸交響詩——評鄭清文《採桃記》　臺灣現當代作家研究資料彙
　　　　編・鄭清文　台南　國立台灣文學館　2012年3月　頁293-295

邱子寧　藝造自然——論鄭清文《採桃記》中的自然意識與生態美學 [47]　兒童文學學刊　第18期
　　　　2007年11月　頁167-187

吳　岑　走進童話中的綠色靈性之國——從生態主體間性看鄭清文《採桃記》中的自然與人　昆明
　　　　學院學報　2014年05期　2014年10月頁19-22

・《丘蟻一族》

七棵樹　《丘蟻一族》　自由時報　2009年6月30日　D11版

鄭谷苑　序——變形願望　丘蟻一族　台北　玉山社出版公司　2009年6月　頁3-10

李魁賢　談《丘蟻一族》 [48]　第十三屆台灣文學家牛津獎暨鄭清文文學學術研討會　台北　真理大
　　　　學人文學院台灣文學系　2009年11月28日

李魁賢　談《丘蟻一族》　第十三屆台灣文學家牛津獎暨鄭清文文學學術研討會資料彙集　台北
　　　　真理大學人文學院台灣文學系　2009年12月　頁89-92

李魁賢　創造性象徵形態的現代政治神話——閱讀鄭清文著《丘蟻一族》　文學台灣　第73期
　　　　2010年1月　頁57-63

三木直大　鄭清文著・西田勝訳・『丘蟻一族』地獄篇の物語　植民地文化研究　第13號　2014年
　　　　7月　頁157-160

【文集】

・《鄭清文短篇小説全集》

李　喬　舊鎮的椰子樹——序《鄭清文全集》　鄭清文短篇小説全集・水上組曲　台北　麥田出版
　　　　公司　1998年6月　頁11-22

李　喬　舊鎮的椰子樹——序《鄭清文全集》（上、下）　台灣日報　1998年8月5-6日　27版

李　喬　舊鎮的椰子樹——序《鄭清文全集》　臺灣現當代作家研究資料彙編・鄭清文　台南　國
　　　　立台灣文學館　2012年3月　頁155-162

江中明　深耕四十年，《鄭清文短篇小説全集》出爐　聯合報　1998年8月6日　14版

賴廷恆　《鄭清文短篇小説全集》問世　中國時報　1998年8月6日　11版

李府翰　鄭清文七卷一套《短篇小說全集》出版──四十年文學路具現於這部集子裡　民生報 1998年8月6日　19版

賴素鈴　《鄭清文短篇小說全集》出版　民生報　1998年8月6日　19版

〔自立早報〕　《鄭清文短篇小說集》付梓　自立早報　1998年8月7日　12版

吳興文　從《鄭清文短篇小說全集》到「台灣大眾文學系列」　文訊雜誌　第155期　1998年9月 頁14-22

黃盈雰　《鄭清文短篇小說全集》出爐　文訊雜誌　第156期　1998年10月　頁80

李奭學　渡船頭的孤燈──評《鄭清文短篇小說全集》　聯合報　1998年10月5日　48版

李奭學　渡船頭的孤燈──評《鄭清文短篇小說全集》　書話台灣：1991-2003文學印象　台北 九歌出版社　2004年10月　頁81-84

李奭學　渡船頭的孤燈──評《鄭清文短篇小說全集》　臺灣現當代作家研究資料彙編・鄭清文 台南　國立台灣文學館　2012年3月　頁275-277

吳鴻玉　《鄭清文短篇小說全集》出版　1998台灣文學年鑑　台北　行政院文建會　1999年6月 頁176

◆多部作品

・《燕心果》、《天燈・母親》

陳玲芳　鄭清文將出版兩本童話集　台灣日報　2000年4月4日　14版

廖秋紅　淺談《燕心果》、《天燈・母親》　台北師範學院台灣文學研究所──第二屆研究生學術 研討會　台北　台北師範學院台灣文學研究所主辦　2005年5月14日　頁61-73

◆單篇作品

兩　峰　評〈水上組曲〉　台灣文藝　第4期　1964年7月　頁49-50

鄭芳郁　鄭清文〈水上組曲〉簡析　中二中學報　第6期　2003年9月　頁19-32

莫　渝　〈水上組曲〉作品賞析　閱讀文學地景・小說卷（上）　台北　行政院文建會　2008年4 月　頁217

徐禎苓　理性與感性──漢人社會的診斷──鄉土治療──「台灣」的再現與重建──家園組曲的 譜寫：林海音與鄭清文　現代台灣文學媽祖的編寫與解讀　台北　大安出版社　2013年12 月　頁165-169

魏子雲　評〈吊橋〉　幼獅文藝　第149期　1966年5月　頁23-25

趙滋蕃　評〈歸璧記〉　幼獅文藝　第149期　1966年5月　頁40-42

墨　人　小野〈咖啡的月亮〉和鄭清文〈歸璧記〉小說評　中華日報　1977年7月17日　10版

隱　地　讀鄭清文〈姨太太生活的一天〉　自由青年　第36卷第3期　1966年8月1日　頁22-23

隱　地　鄭清文〈姨太太生活的一天〉　隱地看小說　台北　大江出版社　1967年9月　頁195-202

隱　地　鄭清文〈姨太太生活的一天〉　隱地看小說　台北　爾雅出版社　1981年6月　頁179-187

林永昌　讀《這一代小說》〔〈姨太太生活的一天〉部分〕　年度小說選資料篇　台北　爾雅出版 社　1983年2月　頁243

趙洪善　〈姨太太生活的一天〉和「不可信的敘述者」　2006年鄭清文國際學術研討會　嘉義，台 南，台北　中正大學台灣文學研究所，國家台灣文學館籌備處，教育部主辦　2006年5月 27-28日

趙洪善　〈姨太太生活的一天〉的敘述策略　樹的見證──鄭清文文學論集　台北　麥田出版公司 2007年3月　頁85-100

林鍾隆　第三屆「台灣文學獎」選後感〔〈缺口〉〕　台灣文藝　第18期　1968年1月　頁57

鍾肇政，林鍾隆，鄭煥　第四屆台灣文學獎特輯——實至名歸——第四屆台灣文學獎選後感〔〈門〉部分〕　台灣文藝　第23期　1969年4月　頁74-76

佟志革　〈門〉作品鑒賞　台港小說鑒賞辭典　北京　中央民族學院出版社　1994年1月　頁350-352

郭誌光　他人注目下的卑偺遊魂：失業者的尊嚴〔〈門〉部分〕　戰後台灣勞工題材小說的異化主題（1945-2005）　清華大學台灣文學研究所　碩士論文　陳萬益教授指導　2006年8月　頁154

葉石濤　評〈校園裡的椰子樹〉　幼獅文藝　第170期　1968年2月　頁149-153

葉石濤　評〈校園裡的椰子樹〉　葉石濤評論集　台北　蘭開書局　1968年9月　頁131-138

葉石濤　評〈校園裡的椰子樹〉　葉石濤作家論集　高雄　三信出版社　1973年3月　頁111-116

葉石濤　評〈校園裡的椰子樹〉　台灣鄉土作家論集　台北　遠景出版公司　1979年3月　頁197-203

葉石濤　評〈校園裡的椰子樹〉　葉石濤全集・評論卷一　台南，高雄　國立台灣文學館，高雄市文化局　2008年3月　頁213-220

許達然　六〇—七〇年代台灣社會和文學〔〈校園裡的椰子樹〉部分〕　苦悶與蛻變——60、70年代台灣文學與社會國際學術研討會　2006年11月11-12日　頁30-31

黃靈芝　蚍蜉撼樹——評台灣文藝五十八年度小說作品〔〈花與靜默〉部分〕　台灣文藝　第26期　1970年1月　頁61

楊添源　談鄭清文〈鯉魚〉　文藝月刊　第27期　1971年9月　頁206-212

〔鄭明娳編〕　〈龐大的影子〉附註　六十年短篇小說選　台北　爾雅出版社　1981年7月　頁28-30

壹闡提　我讀《六十年短篇小說選》〔〈龐大的影子〉部分〕　年度小說選資料篇　台北　爾雅出版社　1983年2月　頁143

郭誌光　浮士德的交易：尊嚴之價〔〈龐大的影子〉部分〕　戰後台灣勞工題材小說的異化主題（1945-2005）　清華大學台灣文學研究所　碩士論文　陳萬益教授指導　2006年8月　頁160-161

任　真　兩篇小說和一本書〔〈雷公點心〉部分〕　新文藝　第210期　1973年9月　頁156-158

葉石濤，彭瑞金；許素貞記錄　真實的基礎——葉石濤、彭瑞金對談評論（下）——〈山難〉是試題？　民眾日報　1979年3月12日　12版

葉石濤，彭瑞金；許素貞記錄　真實的基礎——葉石濤、彭瑞金眾副小說對談評論〔〈山難〉部分〕　葉石濤全集・評論卷六　台南，高雄　國立台灣文學館，高雄市政府文化局　2008年3月　頁320-323

李昂，高天生　對談與評論：〈黃金屋〉是現代都市的天方夜譚　白翎鷥之歌　台北　民眾日報出版社，民眾文化出版社　1979年11月　頁238

葉石濤　一九七九年台灣小說選〔〈檳榔城〉部分〕　民眾日報　1980年2月28日　12版

葉石濤　序〔〈檳榔城〉部分〕　一九七九年台灣小說選　台北　文華出版社　1980年6月　頁7

葉石濤　一九七九年台灣小說選〔〈檳榔城〉部分〕　作家的條件　台北　遠景出版公司　1981年6月　頁38-39

葉石濤　一九七九年台灣小說選〔〈檳榔城〉部分〕　葉石濤全集・隨筆卷一　台南，高雄　國立台灣文學館，高雄市文化局　2008年3月　頁204-205

彭瑞金　〈檳榔城〉簡介：冰山之下　1979台灣小說選　台北　文華出版社　1980年6月　頁155-157

林佩芬　五鐘齊鳴——「鐘」〔〈鐘〉部分〕　爾雅　台北　爾雅出版社　1981年7月　頁228

許素蘭　滄涼‧優雅的手勢──我讀〈最後的紳士〉　台灣時報　1982年1月12日　12版

朱　炎　短篇小說所反映的台灣社會文化的變遷──民國六十八年─七十八年〔〈最後的紳士〉部分〕　情繫文心　台北　九歌出版社　1998年1月　頁148-149，156-157

〔林黛嫚編〕　〈最後的紳士〉作品賞析　台灣現代文選小說卷　台北　三民書局　2005年5月　頁75-76

沈萌華　春愁黯黯難自料──鄭清文〈秘密〉評介　明道文藝　第72期　1982年3月　頁144-146

沈萌華　獨憐幽草澗邊生編序〔〈秘密〉部分〕　七十年短篇小說選　台北　爾雅出版社　1982年4月　頁4

沈萌華　獨憐幽草澗邊生編序〔〈秘密〉部分〕　年度小說選資料篇　台北　爾雅出版社　1983年2月　頁108

〔沈萌華編〕　〈秘密〉附註　七十年短篇小說選　台北　爾雅出版社　1982年4月　頁118-120

鄭雅云　評介《七十年短篇小說選》〔〈秘密〉部分〕　年度小說選資料篇　台北　爾雅出版社　1983年2月　頁167-168

呂　昱　香草與幽香──試論《七十年短篇小說選》〔〈秘密〉部分〕　年度小說選資料篇　台北　爾雅出版社　1983年2月　頁184-185

翁林佩芬　小說記年──評《七十年短篇小說選》〔〈秘密〉部分〕　年度小說選資料篇　台北　爾雅出版社　1983年2月　頁193-194

葉石濤，彭瑞金講；許素貞記錄　時報副刊四月份小說對談──評論街〔〈局外人〉部分〕　台灣時報　1982年5月31日　12版

葉石濤，彭瑞金講；許素貞記錄　四月份台灣時報副刊小說對談評論〔〈局外人〉部分〕　葉石濤全集‧評論卷七　台南，高雄　國立台灣文學館，高雄市政府文化局　2008年3月　頁102-104

李　喬　72年度小說選析賞〔〈割墓草的女孩〉部分〕　明道文藝　第90期　1983年9月　頁53-54

〔李喬編〕　〈割墓草的女孩〉附註　七十二年短篇小說選　台北　爾雅出版社　1984年3月　頁85-87

莊明萱　歷史風俗畫與心態備忘錄──鄭清文〈蛙聲〉　福建文學　1983年第9期　1983年9月　頁79

彭瑞金　〈升〉：鄭清文的新界石　自立晚報　1984年2月27日　10版

彭瑞金　冰山浮動的訊息──〈升〉簡介　1983年台灣小說選　台北　前衛出版社　1984年4月　頁42-45

郭誌光　暗夜之犬：勞工自我異化後的犬儒心理〔〈升〉部分〕　戰後台灣勞工題材小說的異化主題（1945-2005）　清華大學台灣文學研究所　碩士論文　陳萬益教授指導　2006年8月　頁70

〔亮軒編〕　〈祖與孫〉　七十四年短篇小說選　台北　爾雅出版社　1986年4月　頁128-130

范亮石　台灣文學作品中醫師的形象〔〈故里人歸〉部分〕　台灣文藝　第102期　1986年9月　頁116-121

〔季季編〕　〈報馬仔〉評介　七十六年短篇小說選　台北　爾雅出版社　1988年7月　頁24-26

朱宥勳　權力減去懷疑等於──鄭清文〈報馬仔〉　學校不敢教的小說　台北　寶瓶文化公司　2014年4月　頁196-201

陳雨航　一個工作的報告──《七十八年短篇小說選》編選前言〔〈髮〉部分〕　七十八年短篇小說選　台北　爾雅出版社　1990年3月　頁4-5

〔陳雨航編〕　〈髮〉評介　七十八年短篇小說選　台北　爾雅出版社　1990年3月　頁93-94

〔鄭明娳，林燿德選註〕　〈我的戰爭經驗〉　人生五題──憂患　台北　正中書局　1990年8月

頁138

雷　驤　　關於〈元宵後〉的隨想　八十一年短篇小說選　台北　爾雅出版社　1993年3月　頁218-222

林佩蓉　　〈元宵後〉　台灣文學館通訊　第41期　2013年12月　頁108

林燿德　　小說迷宮中的政治迴路──「八〇年代台灣政治小說」的內涵與相關課題〔〈來去新公園飼魚〉部分〕　當代台灣政治文學論　台北　時報文化出版公司　1994年7月　頁153-156

黎湘萍　　新生代：從懷疑到游戲〔〈三腳馬〉部分〕　揚子江與阿里山的對話──海峽兩岸文學比較　上海　上海文藝出版社　1995年12月　頁296

黎湘萍　　從懷疑到遊戲──沉重的敘事：傷痕文學的雙重話語價值〔〈三腳馬〉部分〕　文學台灣──台灣知識者的文化敘事與理論想像　北京　人民文學出版社　2003年3月　頁210

張素貞　　台灣小說中的抗戰經驗（上）〔〈三腳馬〉部分〕　中央日報　1997年7月7日　18版

張素貞　　台灣小說中的抗戰經驗〔〈三腳馬〉部分〕　現代小說啟事　台北　九歌出版社　2001年8月　頁123-124

彭瑞金　　〈三腳馬〉與《盜馬者》　台灣日報　2000年5月28日　31版

劉慧貞　　悲劇的探索與救贖──鄭清文〈三腳馬〉　聯合報　2000年9月10日　37版

王美秀　　〈三腳馬〉的語言與命題意涵[49]　通識教育年刊　第2期　2000年10月　頁43-55

莊姿音　　白鼻狸與三腳馬──談鄭清文的小說〈三腳馬〉　大直高中學報　第1期　2003年11月　頁93-96

〔彭瑞金選編〕　〈三腳馬〉賞析　國民文選‧小說卷2　台北　玉山社出版公司　2004年7月　頁253-254

許俊雅　　〈三腳馬〉評析　現代小說讀本　台北　揚智文化公司　2004年8月　頁273-275

〔彭瑞金編〕　導讀〈三腳馬〉　二十世紀台灣文學金典‧小說卷‧戰後時期第一部　台北　聯合文學出版社　2006年1月　頁170-171

金良守　　鄭清文，〈三腳馬〉裡的殖民地記憶　2006年鄭清文國際學術研討會　嘉義，台南，台北　中正大學台灣文學研究所，國家台灣文學館籌備處，教育部主辦　2006年5月27-28日

金良守　　鄭清文〈三腳馬〉裡的殖民地記憶　樹的見證──鄭清文文學論集　台北　麥田出版公司　2007年3月　頁249-258

許素蘭　　鄭清文〈三腳馬〉　新活水　第17期　2008年3月　頁80-85

彭瑞金　　〈三腳馬〉作品賞析　閱讀文學地景‧小說卷（上）　台北　行政院文建會　2008年4月　頁198

溫元凱　　殖民體制下的小人物──從〈三腳馬〉為例　台大、清大台文所第五屆研究生學術交流研討　台北　台灣大學台文所主辦　2012年5月26-27日

凌性傑　　三腳馬──殘缺裡的救贖　人情的流轉──國民小說讀本　台北　城邦文化公司　2016年2月　頁45-46

盧慧心　　三腳馬：誰在人的身上做記號　自由時報　2018年1月8日　D7版

馬　森　　性與關於性的書寫──評鄭清文〈舊金山、一九七二──一九七四的美國學校〉　中外文學　第25卷第10期　1997年3月　頁23-27

馬　森　　性與關於性的書寫──評鄭清文〈舊金山、一九七二──一九七四的美國學校〉　文學的魅惑：馬森文論六集　台北　麥田出版公司　2002年4月　頁153-160

馬　森　　性與關於性的書寫──評鄭清文〈舊金山、一九七二──一九七四的美國學校〉　文學的魅惑　台北　秀威資訊科技公司　2010年12月　頁180-187

許俊雅　　啟蒙之旅──談鄭清文的少年小說〈紙青蛙〉　讀你千遍也不厭倦──坐看台灣小說　台北　師大書苑　1997年3月　頁193-199

許俊雅　啟蒙之旅——談鄭清文的少年小說〈紙青蛙〉　鄭清文短篇小説全集・鄭清文和他的文學　台北　麥田出版公司　1998年6月　頁117-123

許俊雅　啟蒙之旅——談鄭清文的少年小說〈紙青蛙〉　島嶼容顏：台灣文學評論集　台北　台北縣文化局　2000年12月　頁174-179

許俊雅　啟蒙之旅——鄭清文〈紙青蛙〉　我心中的歌：現代文學星空　台北　文史哲出版社　2006年6月　頁301-308

張子樟　時間順序與心理描寫：〈紙青蛙〉　俄羅斯鼠尾草：名家的少年小說1976—1997　台北　幼獅文化公司　1998年6月　頁46-47

張子樟　青春歲月的片段記錄——短篇作品評析〔〈紙青蛙〉部分〕　青春歲月的書寫：少兒文學賞析　台北　幼獅文化公司　2000年10月　頁23-24

焦　桐　享樂主義的佈道場——《八十六年短篇小說選》編選報告〔〈鬥魚〉部分〕　八十五年短篇小說選　台北　爾雅出版社　1998年4月　頁11-12

許素蘭　文學的世代對照〔〈初冬、老牛、送行的隊伍〉部分〕　一九九七・台灣文學選　台北　前衛出版社　1998年6月　頁128

林鎮山　「家變」之後：試探八、九〇年代台灣小說中的家庭論述——泛愛而親仁：鄭清文的〈春雨〉　台灣現代小說史綜論　台北　行政院文建會，聯經出版公司　1998年12月　頁149-153

林鎮山　「家變」之後——試探八、九〇年代台灣小說中的家庭論述——泛愛而親仁：鄭清文的〈春雨〉　台灣小說與敍事學　台北　前衛出版社　2002年9月　頁199-204

紀奕川　一個過度忠實的翻譯——論〈春雨〉的日譯問題　2006年鄭清文國際學術研討會　嘉義，台南，台北　中正大學台灣文學研究所，國家台灣文學館籌備處，教育部主辦　2006年5月27-28日

王秋傑　鄭清文〈春雨〉小說的生命主題　「近現代中國語文國際學術研討會」　屏東　屏東教育大學中國語文學系主辦　2008年6月6-7日

顧敏耀　鄭清文〈春雨〉的互文性演繹／衍異——從小說原著到繪本與電視劇　第十三屆台灣文學家牛津獎暨鄭清文文學學術研討會　台北　真理大學人文學院台灣文學系　2009年11月28日

顧敏耀　鄭清文〈春雨〉的互文性演繹／衍異——從小說原著到繪本與電視劇 [50] 第十三屆台灣文學家牛津獎暨鄭清文文學學術研討會資料彙集　台北　真理大學人文學院台灣文學系　2009年12月　頁119-136

葉衽榤　鄭清文小說〈春雨〉與電視劇《春雨》、繪本《春雨》對傳統文化的批判 [51] 第十三屆台灣文學家牛津獎暨鄭清文文學學術研討會資料彙集　台北　真理大學人文學院台灣文學系　2009年12月　頁151-167

顧敏耀　台灣文學作品的接受、改編與經典化——以鄭清文小說〈春雨〉為例　聯大學報　第9卷第2期　2012年12月　頁1-22

陳玉玲　〈我要再回來唱歌〉導讀　台灣文學讀本（二）　台北　玉山社出版公司　2000年11月　頁25-27

松崎寬子　鄭清文とその時代——「我要再回來唱歌」を中心に　「日本之台灣研究」國際學術研討會論文集　台北　外交部　2005年12月　頁138-162

松崎寬子　台湾の高校「国文」教科書における台湾文学——鄭清文「我要再回来唱歌」を中心に　日本台湾学会報　第12期　2010年5月　頁219-238

黃秋玉　鄉土文學教學應用實例舉隅——「鄭清文〈我要再回來唱歌〉」教學應用　七〇年代台灣鄉土文學及其教學研究——以高中教材為例　彰化師範大學國文學系　碩士論文　蔣美華

教授指導　2007年　頁95-109

陳義芝　一本給大眾閱讀的小說選——二○○○年九歌版小說選（1-6）〔〈貓藥〉部分〕　台灣
　　　　日報　2001年3月1-6日　31版

吳東晟　死亡、貧窮、性〔〈夜的聲音〉〕　第三十屆鳳凰樹文學獎　台南　成功大學中國文學系
　　　　2002年6月　頁631-640

林鎮山　敍述步速減緩的敷衍時間設計——鄭清文的〈秋夜〉　台灣小說與敍事學　台北　前衛出
　　　　版社　2002年9月　頁234-239

李魁賢　評〈白沙灘上的琴聲〉　李魁賢文集8　台北　行政院文建會　2002年10月　頁352-353

徐錦成，胡靖，陳怡璇　鄭清文〈臭青龜子〉　九十二年童話選　台北　九歌出版社　2004年3月
　　　　頁115

林秀珍　說不完的故事——談鄭清文的〈臭青龜子〉　中國語文　第98卷第1期　2006年1月　頁
　　　　86-90

Terence C. Russell〔羅德仁〕　Crossing Boundaries in Zheng Qingwen's "Red Turtle Pastries"[52]
　　　　2006年鄭清文國際學術研討會　嘉義，台南，台北　中正大學台灣文學研究所，國家台灣
　　　　文學館籌備處，教育部主辦主辦　2006年5月27-28日

T. C. Russell　〈紅龜粿〉——鄭清文在鬼世界的正義使者　樹的見證——鄭清文文學論集　台北
　　　　麥田出版公司　2007年3月　頁141-166

葉石濤，彭瑞金講；許素貞記錄　鄉土文學的實踐——葉石濤、彭瑞金眾副小說對談評論〔〈紅龜
　　　　粿〉部分〕　葉石濤全集・評論卷六　台南，高雄　國立台灣文學館，高雄市文化局
　　　　2008年3月　頁173-174

林鎮山　探索女性書寫的新／心版圖——文化／文學的產銷——以文學向歷史、社會討回公義
　　　　〔〈玉蘭花〉部分〕　離散・家國・敍述：台灣當代小說論述　台北　前衛出版社　2006
　　　　年7月　頁169

楊隸亞　明天再摘，明天再賣，明天再回來：鄭清文〈玉蘭花〉　自由時報　2018年1月9日　D7
　　　　版

郭誌光　嵌鎖在大機器上的小螺絲釘：官僚文化〔〈蚊子〉部分〕　戰後台灣勞工題材小說的異化
　　　　主題（1945-2005）　清華大學台灣文學研究所　碩士論文　陳萬益教授指導　2006年8月
　　　　頁34-35

郭誌光　解鈴之旅：心靈創傷與人格扭曲〔〈結〉部分〕　戰後台灣勞工題材小說的異化主題
　　　　（1945-2005）　清華大學台灣文學研究所　碩士論文　陳萬益教授指導　2006年8月　頁
　　　　50

李魁賢　〈憨猴搬石頭〉的童話　詩的幽徑　台北　台北縣文化局　2006年12月　頁105-106

李魁賢　狼年不斷出現的紀事〔〈狼年紀事〉〕　詩的幽徑　台北　台北縣文化局　2006年12月
　　　　頁108-110

季　季　摸索與發現，耽溺與覺醒——《九十七年小說選》編選序言〔〈童伴〉部分〕　九十七年
　　　　小說選　台北　九歌出版社　2009年3月　頁14-15

李東霖　鄭清文〈合歡〉的存在主義「自由」思想　國文天地　第290期　2009年7月　頁67-69

許素蘭　小論鄭清文近作〈大和撫子〉[53]第十三屆台灣文學家牛津獎暨鄭清文文學學術研討會　台
　　　　北　真理大學人文學院台灣文學系　2009年11月28日

許素蘭　小論鄭清文近作〈大和撫子〉　第十三屆台灣文學家牛津獎暨鄭清文文學學術研討會資料
　　　　彙集　台北　真理大學人文學院台灣文學系　2009年12月　頁94-103

李維菁，汪宜儒　痛苦到釋然・〈清明時節〉看人性　中國時報　2010年9月9日　A16版

李　喬　〈清明時節〉之窺　自由時報　2010年10月3日　D9版

張亦絢　鄭清文與小情歌〔〈又是中秋〉〕　自由時報　2018年1月8日　D7版

伊格言　神祕的傳遞：懷鄭清文老師〔〈屋頂上的菜園〉部分〕　自由時報　2018年1月8日　D7版

何敬堯　白姑娘，黑姑娘——敬悼鄭清文先生　自由時報　2018年1月9日　D7版

◆多篇作品

李漢偉　台灣小說的「女性之悲」模式探索——工商社會女性的悲劇探索〔〈玉蘭花〉、〈堂嫂〉、〈我要再回來唱歌〉部分〕　台灣小說的三種悲情　台南　供學出版社　1982年4月　頁76-78

李漢偉　台灣小說的「女性之悲」模式探索——工商社會女性的悲劇探索〔〈玉蘭花〉、〈堂嫂〉、〈我要再回來唱歌〉部分〕　台灣小說的三種悲情　台南　台南市文化中心　1996年5月　頁94-97

李漢偉　台灣小說的「女性之悲」模式探索——工商社會女性的悲劇探所〔〈玉蘭花〉、〈堂嫂〉、〈我要再回來唱歌〉部分〕　台灣小說的三種悲情　台北　駱駝出版社　1997年10月　頁94-97

賀安慰　她們的遭遇——論台灣當代短篇小說中的貧窮女子〔〈玉蘭花〉、〈堂嫂〉部分〕　台灣當代短篇小說中的女性描寫　台北　文史哲出版社　1989年1月　頁30-32

張文智　「台灣文化建構運動」與台灣認同體系〔〈三腳馬〉、〈報馬仔〉部分〕　當代文學的台灣意識　台北　自立晚報社文化出版部　1993年6月　頁70-72

金良守　台灣和韓國小說裡「光復」的記憶〔〈三腳馬〉、〈報馬仔〉部分〕　跨國的殖民記憶與冷戰經驗：台灣文學的比較文學研究　新竹　清華大學台灣文學研究所主辦　2010年11月19-20日

金良守　韓國和台灣文學裡「光復」的記憶——記憶的「再創造」：鄭清文、全光鏞〔〈三腳馬〉、〈報馬仔〉部分〕　跨國的殖民記憶與冷戰經驗：台灣文學的比較文學研究　新竹　清華大學台灣文學研究所　2011年5月　頁147-152

卓玫君　〈再也回不到的過去〉、〈純真年代〉、〈走入鄉土的時光隧道〉　中央日報　2000年7月3日　22版

林鎮山　畸零人「物語」——論鄭清文的〈三腳馬〉與〈髮〉的邊緣發聲　第四屆台灣文化國際學術研討會論文集：台灣思想與台灣主體性　台北　台灣師範大學台灣文化及語言文學研究所　2005年10月　頁253-266

林鎮山　畸零人「物語」——論鄭清文的〈三腳馬〉與〈髮〉的邊緣發聲　離散・家國・敘述：當代台灣小說論述　台北　前衛出版社　2006年7月　頁141-162

林鎮山　畸零人「物語」——論鄭清文的〈三腳馬〉與〈髮〉的邊緣發聲　臺灣現當代作家研究資料彙編・鄭清文　台南　國立台灣文學館　2012年3月　頁307-326

許俊雅　記憶與認同——台灣小說的二戰經驗書寫——文學作品中的二戰（太平洋戰事）記憶〔〈我的戰爭經驗〉、〈三腳馬〉、〈二十年〉、〈寄草〉部分〕　台灣文學研究學報第2期　2006年4月　頁64，66-67，69-70，76-77

許俊雅　記憶與認同——台灣小說的二戰經驗書寫——文學作品中的二戰（太平洋戰事）記憶〔〈我的戰爭經驗〉、〈三腳馬〉、〈二十年〉、〈寄草〉部分〕　評論30家：台灣文學三十年菁英選1978-2008（下）　台北　九歌出版社　2008年6月　頁487，490-494，500-501

許俊雅　記憶與認同——台灣小說的二戰經驗書寫〔〈三腳馬〉、〈我的戰爭經驗〉、〈二十年〉、〈寄草〉部分〕　足音集：文學記憶・紀行・電影　台北　萬卷樓圖書公司　2011

年12月　頁207-208，211-212，220-221

金尚浩　論鄭清文小說裡的悲劇性——以〈永恆的微笑〉與〈黑面進旺之死〉為中心　2006年鄭清文國際學術研討會　嘉義，台南，台北　中正大學台灣文學研究所，國家台灣文學館籌備處，教育部主辦　2006年5月27-28日

林鎮山　聲音與驚怕——〈夜的聲音〉與〈來去新公園飼魚〉中的等待與牽掛　2006年鄭清文國際學術研討會　嘉義，台南，台北　中正大學台灣文學研究所，國家台灣文學館籌備處，教育部主辦　2006年5月27-28日

林鎮山　聲音與驚怕——〈夜的聲音〉與〈來去新公園飼魚〉中的等待與牽掛　樹的見證——鄭清文文學論集　台北　麥田出版公司　2007年3月　頁3-36

彭瑞金　台灣新文學的民間信仰態度及其影響〔〈又是中秋〉、〈一百年的詛咒〉部分〕　台灣文學史論集　高雄　春暉出版社　2006年8月　頁41-42

許俊雅　讀鄭清文的兩篇小說——〈二十年〉、〈雷公點心〉　文訊雜誌　第265期　2007年11月　頁10-12

許俊雅　讀鄭清文的兩篇小說——〈二十年〉、〈雷公點心〉　低眉集——台灣文學／翻譯、遊記與書評　台北　新銳文創　2011年12月　頁337-340

許俊雅　讀鄭清文的兩篇小說——〈二十年〉、〈雷公點心〉　臺灣現當代作家研究資料彙編·鄭清文　台南　國立台灣文學館　2012年3月　頁349-352

陳坤琬　回憶的重量——論鄭清文〈三腳馬〉與〈蛤仔船〉[54]　第十三屆台灣文學家牛津獎暨鄭清文文學學術研討會　台北　真理大學人文學院台灣文學系　2009年11月28日

陳坤琬　回憶的重量——論鄭清文〈三腳馬〉與〈蛤仔船〉　第十三屆台灣文學家牛津獎暨鄭清文文學學術研討會資料彙集　台北　真理大學人文學院台灣文學系　2009年12月　頁75-88

史　峻　鄭清文小說中的後殖民主義女性與族裔衝突[55]　台灣白色恐怖的創傷研究：一個奠基於「族裔反霸權主義敘述」的觀點　中正大學台灣文學研究所　碩士論文　江寶釵教授指導　2010年7月　頁31-40

紀大偉　汙名身體——現代主義，身心障礙，鄭清文小說〔〈校園裡的椰子樹〉、〈三腳馬〉、〈蛤仔船〉〕　台灣文學研究學報　第16期　2013年4月　頁47-83

鄭楣潔　山海童話形構出的生態倫理觀——以鄭清文〈鹿角神木〉、〈白沙灘上的琴聲〉為例　第十七屆全國兒童語言與兒童文學學術研討會　台中　靜宜大學外語學院主辦　2013年6月13日

甘耀明　割不盡的情愛〔〈清明時節〉、〈割墓草的女孩〉〕　自由時報　2018年1月8日　D7版

作品評論目錄、索引

〔田原主編〕　作品評論引得　鄭清文自選集　台北　黎明文化公司　1975年12月　〔1〕頁

許素蘭編；鄭清文增訂　鄭清文小說評論引得　鄭清文集（台灣作家全集）　台北　前衛出版社　1993年12月　頁355-360

許素蘭編；鄭清文增訂　鄭清文小說評論索引　鄭清文短篇小說全集·鄭清文和他的文學　台北　麥田出版公司　1998年6月　頁245-256

鄭清文　《峽地》相關評論索引　峽地　台北　九歌出版社　2004年11月　〔2〕頁

邱各容　重要評論資料　台灣兒童文學作家及作品論　台北　富春文化公司　2008年8月　頁216-218

〔封德屏主編〕　鄭清文　臺灣現當代作家評論資料目錄（六）　台南　國立台灣文學館　2010年11月　頁4280-4314

〔李進益編選〕　研究評論資料目錄　臺灣現當代作家研究資料彙編‧鄭清文　台南　國立台灣文
　　　學館　2012年3月　頁397-460

王為萱，陳姵穎，陳恬逸　「《文訊》300期資料庫」作家學者群像──鄭清文　文訊雜誌　第334
　　　期　2013年8月　頁89

其他

徐開塵　文學觀點看台灣人文──當代小說精選‧兩岸發行　民生報　1989年11月3日　14版

林燿德　《台灣當代小說精選》讀後　文訊雜誌　第51期　1990年1月　頁39-41

註釋：

1　《現代英雄》於第4版更改書名為《龐大的影子》，本文同《龐大的影子》〈自序〉。

2　本文後改篇名為〈我的筆墨生涯〉。

3　本文彙整《龐大的影子》〈自序〉與〈四版序〉，後改篇名為〈畫圓圈──《龐大的影子》四版
　　序〉。

4　與會者：李喬、葉石濤、鄭清文、鄭泰安、彭瑞金、黃樹根、鄭烱明、陳之揚、應鳳凰、呂自揚；記
　　錄：許振江。

5　本文後改篇名為〈小說的情節安排──訪鄭清文先生〉。

6　本文後改篇名為〈腳踏實地的素描功夫──訪鄭清文談台灣的文學〉。

7　本文後改篇名為〈堅持純文學──沉潛冰山的鄭清文〉。

8　本文後改篇名為〈為兒童創作的小說家──鄭清文專訪〉。

9　本文後改篇名為〈兩個童年，蓄積了一個深深的靈感水庫〉。

10　本文後改篇名為〈「春雨」的「秘密」：專訪元老作家鄭清文〉。

11　主持人：陳義芝；與會者：鄭清文、廖玉蕙、羅智成、楊照；記錄：吳岱穎。

12　主持人：封德屏；與會者：唐連成、王國良、李祖琛、林煥彰、邱各容、張建隆、莫渝、陳木城、麥
　　穗、鄭清文、顏艾琳等；記錄：林家慶。

13　主持人：楊澤；與會者：鄭清文、阿來、李昂、巴代；記錄：許劍橋。

14　主持人：李金蓮；與會者：李敏勇、唐捐、康芸薇、陳美桂、陳銘磻、陳憲仁、楊富閔、解昆樺、鄭
　　清文、鍾喬；記錄：顏訥。

15　本文旨在探討鄭清文小說中敘述觀點的使用及旨趣。

16　本文為「鄭清文作品討論會」中，李喬發言之講評實錄。後改篇名為〈鄭清文的寫作歷程與小說特
　　色〉。

17　本文論及鄭清文部分，後改篇名為〈七〇年代台灣文學的回顧〉。

18　本文後改篇名為〈誠摯與純粹──記鄭清文〉。

19　本文後改篇名為〈新莊、舊鎮、大水河──鄭清文短篇小說和台灣的百年滄桑〉。

20　本文探究鄭清文短篇小說創作與契訶夫之間的聯繫，闡明鄭清文小說的奧祕。

21　本文先探討鄭清文的文學創作理念，再分析其兒童文學的內容及特色。全文共2小節：1.路遙知馬力的
　　創作歷程；2.為台灣兒童寫童話。

22　本文後改篇名為〈鄭清文──以生命熱誠關愛人生〉。

23　本文從農村、習俗、民間傳說等面向探討鄭清文小說中的鄉土特色。全文共4小節：1.前言；2.鄭清文
　　小說中鄉土描寫的內容；3.鄭清文作品中鄉土描寫所呈現的意義；4.結語。

24　本文探討鄭清文跨界書寫童話的特質。全文共6小節：1.前言；2.鄭清文童話作品巡禮；3.鄭清文的童
　　年印象和社會書寫；4.鄭清文的童心與童話創作觀；5.鄭清文的跨界書寫與讀者接受；6.結論。

25 本文探討鄭清文小說的風格、主題與技巧，以檢視學術界對於鄭清文的評價。全文共4小節：1.前言；2.台灣社會與異化、商品化；3.鄭清文小說中人物的異化與商品化；4.結論。

26 本文探討鄭清文筆下「物」的時間性，以及物／身體／歷史主體的隱喻關係，以呈現小說家的「物體系」書寫。全文共5小節：1.前言：小說家者言；2.寫實作為文本美學的界線；3.物體的存在與時間性；4.物體、身體到歷史主體；5.結語：歷史的書寫系。

27 本文探討鄭清文小說中「山谷」意象的類型表現、意象轉化與衍生，並探索「山谷」對於作家的情感意義，及其透過「山谷」的意象書寫所欲傳達的生命態度與人生觀。全文共5小節：1.前言：從腳下的土地開始延展；2.站在「簸箕谷」的出發點上；3.「簸箕谷」及其變衍；4.走出「簸箕谷」：〈簸箕谷〉與〈三腳馬〉；5.結論：另類「海洋文學」。

28 本文從「孤兒意識」與「環境生態保護」的觀點，探討鄭清文童話故事寫作及其思想轉變。全文共4小節：1.《天燈・母親》之孤兒意識；2.天生的想像力與生態保護的觀點；3.鄭清文童話的變遷；4.結論。

29 本文重新審視鄭清文的兒童文學作品是否符合兒童文學的標準。全文共4小節：1.前言；2.《燕心果》：一部「不純潔」的童話集；3.「成人童話」的再思考；4.結論。

30 本文探討如何透過「鄉土」、「在地化」將成人經驗融入兒童文學，使孩童探索所處的文化環境，並以黃春明、鄭清文的作品為研究文本。全文共5小節：1.「在地化」的當代意義；2.「在地化」過程中寫實與想像力的問題；3.黃春明的「在地化」經驗；4.鄭清文的「在地化」經驗；5.結語。

31 本文由女性視角分析鄭清文短篇小說中女性人物，並藉此探討五〇到八〇年代男性作家以何種角度書寫女性命運，同時透過作品中的人物面對命運的選擇，探究鄭清文看待人類意志的觀點。全文共5小節：1.前言；2.忠誠，反叛，女性類型；3.忠誠？反叛？命運抉擇？；4.忠誠，反叛，男性視角；5.結語。

32 本文試圖探討鄭清文作品的精神與價值，其透過敘事的編寫，對於自身所立足土地上的律法、習尚等不合理面向提出反思與批判，表達其對公平正義的追求，這種追求反覆出現於文本中，乃形成第二自我。全文共4小節：1.前言；2.文化、國族與階層書寫；3.性別、倫理與階層書寫；4.結論。

33 本文將鄭清文童話中所包含的主題分為「療癒失去母愛的傷痕」、「書寫記憶中的童年」、「書寫台灣的風土」、「凌駕善惡、超越物我的悲憫情懷」、「反映國族情勢」、「社會文化觀察」等六項，探討其書寫內涵及風格。全文共3章：1.前言；2.鄭清文童話中所包含的主題；3.結論。

34 本文以鄭清文小說的女性為研究對象，揭示作家如何安排小說的敘事時間，呈現女性於時間／時代性中的生活圖象，並藉此探討作家的文學與人生觀。全文共4小節：1.前言；2.沒有男人的女人；3.人為什麼而活；4.結論。

35 本文以鄭清文短篇小說中有關婚姻家庭的「外遇」書寫為主題，論述作者的家庭倫理觀。全文共5小節：1.前言；2.社會結構下的「外遇」；3.鄭清文短篇小說的「外遇」書寫；4.為什麼書寫外遇？；5.結論。

36 本文藉觀察鄭清文與鍾肇政之往來書簡，探討兩人於為人處事與文學風格的差異。全文共6小節：1.前言；2.為人風範；3.語言的探討；4.技巧的探討：小說的觀點問題；5.短篇作品探討與比較；6.結論。正文後附錄〈鄭清文致鍾肇政書簡〉（1966.1.25）、〈鍾肇政致鄭清文書簡〉（1966.1.27）、〈李喬致鍾肇政書簡〉（1973.1.14）、〈鍾肇政致李喬書簡〉（1973.1.18）、〈李喬致鍾肇政書簡〉（1973.1.25）、〈鍾肇政致李喬書簡〉（1973.1.29）。

37 本文由魏淑貞主講，廖亭琇筆錄。全文分享鄭清文童話作品於出版時與講者的互動及其閱讀經驗，並概述對出版鄭清文童話繪本的期待。

38 本文以鄭清文童話中的政治寓言為論述主軸，探討鄭清文如何透過童話書寫，向讀者傳達真實社會的政治面。全文共6小節：1.緒論；2.政治主體性的建構；3.族群議題；4.政客議題；5.執政假面的告白；6.結論。

39 本文由李喬主講，黃聖婷筆錄。依小說、童話以及論述等3部分談鄭清文的文學版圖與內涵。

40 本文將鄭清文童話中的人物刻畫分為「直接刻畫」與「間接刻畫」，探討其角色塑造及敘事手法。全文共4章：1.前言；2.鄭清文童話的人物刻畫類型；3.鄭清文童話的人物刻畫特色；4.結論。

41 本文聚焦鄭清文作品中對時代及衝突的描寫，探討1979年前後民主化運動對台灣社會的影響。全文共3小節：1.はじめに；2.鄭清文の経　とその作品の流れ；3.鄭清文とその時代意識──1979年「我要再回來唱歌」を中心に。

42 《現代英雄》後易名為《龐大的影子》。

43 本文以現象學作為研究視域，探討其中的鄉愁情感及對文化傳統的省思。全文共4小節：1.用現象學方法解構《局外人》；2.《局外人》的抉擇──局內或局外？；3.《局外人》現象中當中所顯現的悲劇本身；4.總結。

44 本文在「阿旺系列」結集成《天燈・母親》後，改篇名為〈論鄭清文的《天燈・母親》〉。

45 本文後改篇名為〈農村的烏托邦：鄭清文的童話《天燈・母親》〉。

46 本文比勘二位作家作品的對應關係，把握其鄉土文學的共性與演規律後的書寫新貌。全文共3小節：1.前言：朝向一個小說世界；2.詮釋與解說──後農村書寫的細讀；3.結論：關於「後」之意義的註記。

47 本文以《採桃記》為主要文本，輔以鄭清文與生態有關的作品，由生態批評的角度切入，探討其自然意識。全文共4小節：1.前言；2.意識覺知與倫理重構；3.認知自然；4.結語。

48 本文由李魁賢主講，林美佑筆錄。全文首先釐清《丘蟻一族》的創作手法與文體類屬，再依現代政治神話的觀點閱讀《丘蟻一族》的象徵意義。

49 本文以〈三腳馬〉為例，討論作家的語言與命題涵義。全文共7小節：1.引言；2.鄭清文樸實無華的語言特色；3.以對話推動情節；4.達意傳神的文雅方言；5.語言特點與時空、心境的關聯；6.〈三腳馬〉的命題意涵；7.結語。

50 本文以「承文本性」的互文概念探討小說〈春雨〉經繪本與電視劇改編後的演繹／衍異風貌。全文共5小節：1.前言；2.鄭清文的原作；3.幾米的繪本《春雨》；4.電視劇的《春雨》；5.小結。

51 本文從「翻譯」的角度觀看小說〈春雨〉於電視劇及繪本改編的演繹，並探究不同載體對於小說〈春雨〉批判傳統文化的表現方式。全文共4小節：1.前言：傳宗接代的文化結構；2.溝水與碗水所象徵的傳統文化糾葛；3.春雨對傳統性窒錮的啟示與解放；4.結語：生生不息的人口爆炸問題。

52 本文後由作者中譯為〈〈紅龜粿〉：鄭清文在鬼世界的正義使者〉。

53 本文藉探討〈大和撫子〉中的「政治」與「性」，說明鄭清文於1999─2009年間發表之作品的主題與內容特質。

54 本文以鄭清文小說所展現的「回憶」為主題，論證個別記憶與共同記憶的關係，闡釋其中的多義及互補性。全文共4小節：1.前言──記憶的重疊與解離；2.從〈三腳馬〉到〈蛤仔船〉；3.回憶的重量；4.結語──以回憶之名。

55 本文分析鄭清文〈來去新公園飼魚〉及〈贖畫記〉2篇小說，探討被壓迫而無法發聲的族群之創傷。全文共4小節：1.前言；2.後殖民台灣；3.創傷的理論與實際；4.結論。

國家圖書館出版品預行編目資料

最後的紳士：鄭清文紀念會暨文學展特刊 / 封德屏總
編輯. -- 初版. -- 臺北市：文訊雜誌社, 2018.01
　　面；　公分
　　ISBN 978-986-6102-34-9(平裝)

　　1.鄭清文 2.臺灣傳記 3.文集

783.3886　　　　　　　　　　　　106025557

最 後 的 紳 士

鄭 清 文 紀 念 會

暨 文 學 展 特 刊

指導單位／　文化部www.moc.gov.tw
主辦單位／　文訊雜誌社
協辦單位／　玉山社　麥田出版　華山文化創意產業園區
　　　　　　台灣文創發展股份有限公司　華南銀行

總編輯／　封德屏
執行編輯／　杜秀卿
工作小組／　吳穎萍・沈孟儒・陳欣怡・楊迪雅
封面設計／　翁　翁onon.art@msa.hinet.net
美術設計／　不倒翁視覺創意
印刷／　松霖彩色印刷公司

出版者／　文訊雜誌社
地址／　台北市中正區中山南路11號B2
電話／　02-23433142
傳真／　02-23946103
郵撥／　12106756　文訊雜誌社
初版／　2018年1月13日
定價／　新台幣200元
ISBN／　978-986-6102-34-9